AF503621

FACULTÉ DE DROIT DE PARIS.

THÈSE
POUR LE DOCTORAT

PAR

L. DE FONTAINE DE RESBECQ,

Né à Paris.

AVOCAT A LA COUR IMPÉRIALE

PARIS

TYPOGRAPHIE DE HENRI PLON,

IMPRIMEUR DE L'EMPEREUR,

RUE GARANCIÈRE, 8.

1864

FACULTÉ DE DROIT DE PARIS.

DE LA

TRANSMISSION ENTRE-VIFS DE LA PROPRIÉTÉ FONCIÈRE

EN DROIT ROMAIN,

DANS L'ANCIEN DROIT ET DANS LE DROIT ACTUEL.

THÈSE
POUR LE DOCTORAT

SOUTENUE

Le jeudi 26 mai 1864, à 1 heure,

En présence de M. l'inspecteur général Ch. GIRAUD,

PAR

L. de FONTAINE de RESBECQ,

Né à Paris,

AVOCAT A LA COUR IMPÉRIALE.

PRÉSIDENT : M. BUGNET, professeur.

SUFFRAGANTS :
MM. PELLAT,
BONNIER,
COLMET DE SANTERRE, } professeurs;
LABBÉ, agrégé.

PARIS

TYPOGRAPHIE DE HENRI PLON,

IMPRIMEUR DE L'EMPEREUR

RUE GARANCIÈRE, 8.

1864

A LA MÉMOIRE DE MA GRAND'MÈRE.

A MON PÈRE.

A MA MÈRE.

A MON SAVANT MAITRE

M. BUGNET.

TÉMOIGNAGE DE PROFONDE RECONNAISSANCE.

DROIT ROMAIN.

Avant d'aborder le sujet que nous nous sommes proposé de traiter, quelques notions historiques sur le droit de propriété à Rome nous semblent indispensables à rappeler.

L'histoire de la propriété se divise en deux périodes bien tranchées; dans la première, un droit étroit, égoïste, prédomine : c'est d'abord une propriété toute organisée par le droit civil, applicable seulement à certains territoires; le champ, le territoire romain, *ager romanus*, est à l'origine le seul qui soit susceptible de la propriété quiritaire, puis peu à peu on communique à d'autres territoires les priviléges du champ romain. Ainsi se succèdent, quelquefois accordées de plein gré, d'autres fois arrachées par les armes, les concessions du *commercium* au sol des colonies, à celui du Latium, à celui de l'Italie, à celui des municipes en dehors de l'Italie; le terme le plus étendu auquel on s'arrête est le sol italique, *italicum solum*, jouissant des mêmes priviléges, régi par le même droit que l'*ager romanus*. Sortez de l'Italie, et vous trouverez des territoires assimilés au sol de l'Italie, dotés de ce qu'on appelle le *jus italicum*. Quelle était au juste la nature de ce *jus*, c'est là un point que je ne veux pas examiner; je me contenterai de constater qu'il conférait certainement deux avantages : 1° l'exemption de l'impôt foncier, 2° l'aptitude à la propriété romaine.

Dans une condition inférieure, se trouve le sol provincial; il reste en dehors du droit civil. La propriété n'en appartient pas aux habitants, la conquête en a fait la propriété du peuple romain.

Pour le sol de l'Italie, la propriété ne se transmet que par certains modes rigoureusement déterminés; modes essentiellement de droit civil, il va sans dire qu'ils ne peuvent être applicables au sol provincial.

Dans la deuxième période, les distinctions subtiles s'effacent, les vieilles formes tombent en désuétude; une législation savante, pénétrée des principes de l'équité, ruse avec le droit civil, le tourmente et lui arrache enfin des pensées de douceur. Le détenteur d'un fonds situé dans les provinces finit par avoir un domaine protégé par une action réelle; cette révolution, préparée par les mœurs, est consommée par Justinien.

Après ces préliminaires, indiquons les éléments du droit de propriété : le droit d'user, de jouir, celui de disposer, voilà les droits dont la réunion forme le droit de propriété (*uti, frui, abuti*). *Uti,* c'est retirer d'une chose les services qu'elle est susceptible de rendre; *frui,* c'est percevoir les fruits; *abuti,* c'est en disposer soit en la transmettant, soit en la consommant ou en la détruisant.

Abordons maintenant notre matière : Comment se transmet entre-vifs la propriété foncière? Une remarque fondamentale à faire, c'est que la propriété ne peut être transférée par le seul consentement; il faut sans doute la volonté des parties, mais cela ne suffit pas, au consentement il faut joindre un acte matériel.

MANCIPATION.

Voici comment elle se faisait : on prenait au moins cinq témoins pubères et citoyens romains, et en outre une personne de même condition qui devait tenir une balance d'airain, qu'on appelait *libripens*. Celui à qui la propriété allait être transférée saisissait la chose et disait : Je soutiens que cette chose est mienne d'après le droit des Quirites, et je l'ai achetée par ce cuivre et cette balance de cuivre; puis, il posait sur la balance un morceau de cuivre qu'il tenait à la main, et il le donnait au propriétaire de qui il recevait la chose mancipée.

Cette mancipation, qu'on appelait aussi *renditio per æs et libram*, était l'image du mode de vente usité chez les anciens Romains. Il ne pouvait être question d'une tradition pure et simple de deniers, puisque, d'après Gaius, *olim æreis tantum nummis utebantur, eorumque nummorum vis et potestas non in numero erat, sed in pondere;* il était donc nécessaire de peser le métal, sa valeur étant déterminée par le poids seul et non par la garantie publique; pour cette pesée, il fallait bien faire intervenir un *libripens* et aussi des témoins pour certifier la régularité de l'opération (Gaius, I, 119). On remarquera tout d'abord sur ce paragraphe que Gaius a eu ici en vue la mancipation d'une chose mobilière, tandis que je m'occupe de la mancipation de choses immobilières; mais peu importe, la forme de procéder était la même dans les deux cas, sauf cette différence qu'on pouvait manciper les objets mobiliers absents, et l'on ne peut en manciper qu'autant qu'il est possible d'en saisir avec la main; pour les immeubles, au contraire, notre mode de transmission pouvait s'accomplir loin d'eux ; on les représentait, comme dans la *cessio in jure*, par une motte de terre ou une tuile de la maison, et on pouvait du reste en manciper plusieurs à la fois. (Ulpien, XIX, 6 ; Gaius, I, § 121.)

Ce mode d'aliénation ne pouvait avoir lieu qu'entre citoyens romains, latins coloniaires et juniens, et ceux d'entre les pérégrins qui jouissaient du *jus commercii*. Il ne s'appliquait pas à toute espèce de choses, et l'on distinguait les choses *mancipi* et les choses *nec mancipi*, les choses susceptibles de mancipation et celles qui ne l'étaient pas.

Ulpien nous donne l'énumération précise des choses *mancipi*. Étaient telles : 1° Les héritages sur le sol de l'Italie, fonds de terre ou maisons; 2° les servitudes rurales, bien entendu en Italie seulement; 3° les esclaves et les bêtes de somme ou de trait, *quæ dorso collove domantur;* tout le reste est *res nec mancipi*, l'argent monnayé, les statues, les pierres précieuses, les marchandises (1). Rien n'est plus conjectural que la cause de cette distinction en choses *mancipi* et *nec mancipi*. Les jurisconsultes en la rapportant n'en donnent pas les motifs. Toutefois un point est certain, c'est que cette classification est très-ancienne, car Gaius atteste qu'elle existait dès avant la loi des Douze Tables, II, § 47.

On a beaucoup disserté et depuis longtemps sur l'origine de cette distinction, et s'il est un point qui a exercé la sagacité des interprètes, c'est bien celui qui nous occupe. M. de Fresquet, dans la *Revue historique* de 1857, a émis une opinion très-ingénieuse (2). Suivant lui, cette

---

(1) Ulpien, *Reg.* XIX, § 1. — Gaius II, § 25 et suiv.
(2) V. aussi M. Huc, *Du formalisme romain.*

division se rattache à la législation de Servius Tullius, qui distribua les citoyens en cinq classes, en prenant pour base de ce classement la fortune individuelle de chaque contribuable; or, comment la constater? Devait-on prendre en considération toutes les valeurs mobilières et immobilières sans distinction? Non, le législateur dut négliger complétement l'avoir mobilier, avoir roulant qui circule si rapidement sans jamais s'individualiser, cet avoir qu'on peut se faire passer temporairement de l'un à l'autre pour se créer une fortune apparente supérieure à la réalité; il fallait présenter des biens ayant une assiette solide, dont l'origine pût se constater facilement, et que deux citoyens ne pussent s'attribuer à la fois; les *res mancipi* seules satisfaisaient à cette condition. Qu'on se rappelle, dit M. de Fresquet, ce qui avait lieu en France lorsque les électeurs et les éligibles étaient pris parmi les personnes ayant une fortune présumée; ce n'étaient pas les sacs d'écus, les valeurs industrielles, les coupons de rente qui vous faisaient admettre sur la liste des censitaires. L'article 4 de la loi du 19 avril 1831 énumérait les bases de la fortune officielle : « Les contributions qui confèrent le droit électoral sont : la contribution foncière, les contributions personnelle et mobilière, la contribution des portes et fenêtres, etc... » Servius dut agir de la même manière. Ce système, je le répète, est très-ingénieux. Mais sur quels textes s'appuie-t-il? Je n'en vois, pour ma part, aucun qui le rende admissible. Tout ce que l'on peut dire, c'est que les choses *mancipi* paraissent avoir été les plus précieuses aux yeux des Romains, ou celles qui leur ont été connues dès le commencement de leur établissement. La terre, les animaux, les hommes asservis aux travaux humains, voilà les choses

très-utiles au vieux Romain (1). Si les servitudes rurales sont classées parmi les choses *mancipi*, c'est que
leur origine est plus antique, les servitudes urbaines
étant plus rares, à raison de la disposition isolée des
maisons romaines. Mes assertions se fondent d'ailleurs
sur les textes eux-mêmes. Ainsi on sait que la femme,
placée sous la tutelle de ses agnats, ne pouvait aliéner
aucune chose *mancipi* sans l'autorisation de son tuteur
(Gaius, II. 80). A l'époque même où le tuteur intervient
pour la forme seulement, et où il peut être contraint
par le magistrat de donner son autorisation, il y a trois
actes graves de la femme que certains tuteurs ne peuvent être forcés à autoriser malgré eux, je veux parler
du testament, de l'engagement en des obligations, et
de l'aliénation des choses *mancipi* (Gaius, I, 192, *pre-
tiosioribus rebus*, ajoute le jurisconsulte; Ulp., *Reg.* XII,
27). Dès là que les choses *mancipi* sont les plus précieuses, je m'explique parfaitement la nécessité d'un acte juridique et sacramentel pour que la propriété soit dépla-
cée. Cet acte est la mancipation, par exemple, avec son
cortége de formalités destinées à frapper les esprits.

Après ces quelques explications, déterminons les
effets de la mancipation. Elle transférait la propriété des

---

(1) Le droit civil resta fidèle à l'antique simplicité et aux traditions qui maintiennent dans la famille les goûts modestes, les habitudes parcimonieuses. En vain, dit M. Troplong (*Influence du Chris-
tianisme sur le droit civil des Romains*), les richesses arrivent à
Rome, en vain la conquête du monde y portera l'or et la pourpre et
les chefs-d'œuvre de l'art, le vieux droit civil restera inébranlable.
Pareil à Mummius, le vaillant mais rustique vainqueur de Corinthe
(Mummius, ayant chargé des entrepreneurs du transport des tableaux
et des statues de Corinthe, stipula que, s'ils venaient à en perdre ou
à en gâter, ils en fourniraient de pareils à leurs dépens), il ne comprend pas tout ce que vaut le génie qui anime la toile et le marbre,
ou l'industrie qui multiplie les merveilles et les jouissances.

choses *mancipi*, de sorte que celui qui avait figuré comme acquéreur d'un immeuble avait la *rei vindicatio*. Transférait-elle aussi la possession? Celui qui recevait un immeuble *in mancipio* en devenait-il immédiatement possesseur par le seul effet de la mancipation? La négative me paraît résulter jusqu'à l'évidence de deux textes, d'une part du § 204 du Commentaire II de Gaius, et d'autre part du § 313 des Fragments du Vatican. Je traduis ce dernier texte : « La donation d'un fonds de terre, qui est chose *mancipi*, est parfaite, entre personnes non exceptées, par la tradition et la mancipation, *traditione atque mancipatione*. » On se réfère dans ce paragraphe à la loi Cincia : si à la suite de la mancipation la tradition a été faite, le donataire, se trouvant à la fois propriétaire et possesseur, n'a plus rien à demander; il n'a pas d'action à intenter contre le donateur, et celui-ci n'a par conséquent aucune occasion de lui opposer l'exception (1).

On le sait déjà, la propriété des choses *mancipi* se transférait par la mancipation. Quant aux choses *nec mancipi*, elles se transmettaient par simple tradition. Ici s'élève une question controversée : la mancipation appliquée à des choses *nec mancipi* produisait-elle un certain effet? *Finge*, dit Cicéron, *mancipio aliquem dedisse id quod mancipio dari non potest*. Le cas dut se présenter rarement dans la pratique. J'ai peine à croire, en effet, qu'un citoyen romain ait eu souvent la fantaisie d'employer les formes solennelles et gênantes de la mancipation pour transférer la propriété des choses *nec mancipi*, c'est-à-dire de choses qui n'avaient pas grande importance. La simple tradition suffit pour en

____

(1) M. Ortolan, liv. II, n° 568.

transférer le domaine, la tradition ou la remise de la possession! Et vous iriez recourir à une formalité gênante, à un *libripens*, et à cinq citoyens romains pubères!

Quoi qu'il en soit, Cicéron répond ainsi à la question posée : *Num idcirco id ejus factum est qui suscepit? aut num is qui mancipio dedit ob eam rem se obligavit (Cic., Top. 10)?* Boëce observe très-justement que ce qui n'a pas été fait d'après les règles, *nihil retinet firmitatis*, n'a aucune force. Quant à moi, je crois aussi que la mancipation ne produisait aucun effet à l'égard des choses *nec mancipi*.

Un mot avant de terminer nos observations sur la mancipation. Une des conditions de la tradition pour la transmission de la propriété est une *justa causa*, c'est-à-dire un fait révélant l'intention d'aliéner. Pourquoi, dira-t-on, les jurisconsultes romains n'exigent-ils pas aussi une *justa causa* comme condition de la mancipation? M. de Savigny, en son *Traité des obligations* (1), explique à merveille la raison de cette anomalie apparente. Dans la tradition, l'intention de transférer la propriété actuellement n'y est pas dans l'usage exprimée textuellement. Dans la mancipation, au contraire, l'expression définie de cette intention constituait précisément une partie essentielle de cette formule; l'acquéreur s'exprimait ainsi : Cette chose est dès à présent ma propriété, car je l'ai achetée avec la pièce de monnaie que voici (Gaius, II, 119). Aussi bien, l'indication de la *justa causa* aurait été tout à fait superflue.

____

(1) *Le droit des obligations*, par de Savigny, traduit de l'allemand par Gérardin et Jozon, 1863.

CESSION IN JURE.

Ce mode n'était autre chose que la fiction de l'action en revendication sous le système des actions de la loi. Elle se pratiquait ainsi : devant un magistrat du peuple romain, dit Gaius, devant un préteur ou un président de province, celui à qui une chose est cédée juridiquement prononce ces paroles : J'affirme que cette chose est à moi selon le droit des Quirites. Après qu'il a ainsi revendiqué, le préteur demande à celui qui a l'intention de céder s'il revendique de son côté; celui-ci répondant négativement ou gardant le silence, le magistrat déclare que la chose est à celui qui a revendiqué. On appelle cela une action de la loi, elle peut avoir lieu aussi dans les provinces devant leurs présidents (Gaius, II, 24). De ce texte, il résulte que la cession juridique exigeait trois personnes présentes, celui qui cédait la chose, *in jure cedens,* celui qui revendiquait, *vindicans,* et enfin le magistrat, *addicens,* dont la mission était de déclarer la propriété (Ulp., XIX, 9 et 10). Cependant, ajoute Gaius, « nous faisons presque toujours usage de la mancipation; car, ce que nous pouvons faire par nous-mêmes, en présence de nos amis, il n'est pas nécessaire de chercher à l'obtenir avec une plus grande difficulté devant le préteur ou le président de la province. » Remarquons enfin que la *cessio in jure* s'appliquait aux choses *mancipi* comme aux choses *nec mancipi,* tandis que la mancipation était exclusivement propre aux choses *mancipi.*

Voyons maintenant quels effets produisait la *cessio in jure.* Les mêmes effets que la mancipation. Comme celle-ci, elle transférait la propriété, *quod valet manci-*

patio idem valet et in jure cessio (Gaius, II, 22). Mais elle ne transférait pas non plus par elle seule la possession, le § 204 du Commentaire II de Gaius est catégorique sur ce point. La *cessio in jure*, applicable et aux choses *mancipi* et aux choses *nec mancipi*, avait, on le comprend facilement, un rôle beaucoup plus large que celui de la mancipation.

ADJUDICATION.

Nous venons de montrer la propriété transférée *in jure*, devant le magistrat, nous allons la voir transférée *in judicio*, devant le juge. Aussi ce dernier n'attribue pas la propriété en disant le droit (*non addicit*), mais il la donne en jugeant (*adjudicat*). Trois formules d'action investissaient le juge de ce pouvoir : l'action *familiæ erciscundæ*, pour le partage des hérédités ; l'action *communi dividundo*, en partage d'une chose commune entre copropriétaires ; l'action *finium regundorum*, en règlement de bornes entre voisins. L'adjudication était propre aux choses *mancipi* et *nec mancipi* (Ulp., XIX, § 16). Toutefois, les servitudes ne pouvaient être établies que dans un *judicium legitimum*, c'est-à-dire dans une instance introduite à Rome ou à une distance moindre d'un mille, entre citoyens romains, devant un seul juge également citoyen romain ; cette restriction n'est connue que par la découverte des Fragments du Vatican, § 47. Paul, en parlant de l'usufruit, s'exprime ainsi : « Il peut être constitué dans l'action *familiæ erciscundæ* ou l'action *communi dividundo*, lorsque le *judicium* est *legitimum*. » On s'est demandé si cette restriction s'appliquerait à la transmission de la propriété elle-même; l'affirmative paraît bien favorisée par un texte de Paul (L. 44, § 1, 10, 2). Tel est du moins le sentiment de nos savants maîtres MM. Pellat et Demangeat (1). Je traduis le texte : « Si l'action en partage, soit d'une hérédité, soit d'une chose commune, a été intentée, le préteur protége les adjudications en donnant des exceptions ou des actions. » Si les adjudications avaient conféré le *dominium ex jure Quiritium*, la protection du préteur serait vaine et superflue, puisque aussi bien les adjudicataires auraient l'action de revendication et qu'ils pourraient contredire directement, *ipso jure*, les prétentions d'un adversaire; mais le jurisconsulte a voulu vraisemblablement parler du cas où la chose serait seulement *in bonis* de l'adjudicataire; une des conditions de l'*adjudicatio* pour transférer le domaine *ex jure Quiritium* ayant précisément fait défaut, alors l'adjudicataire avait besoin que le préteur lui accordât ou une exception pour écarter la revendication de l'autre partie, ou l'action publicien. contre tout possesseur.

Je finirai sur ce point en disant que l'adjudication ne conférait point la possession. Il en était ainsi des deux premiers modes de transmission de propriété dont il a été parlé; pourquoi n'en aurait-il pas été de même de l'adjudication ?

TRADITION.

Je passe à la tradition, mode de transmission qui prenait tous les jours une plus grande importance dans la

---

(1) M. Pellat, *De la propr.* — M. Demangeat, à son cours.

pratique judiciaire, mode de transmission le plus naturel. Le sujet demande d'assez longs développements.

La tradition, dit Ulpien, est un mode d'aliénation propre aux choses *nec mancipi*. Nous devenons propriétaires de ces choses au moyen de la tradition, si toutefois il y a eu une *justa causa* (Ulp., XIX, 7), c'est-à-dire un fait révélant l'intention d'aliéner, et qui n'est point réprouvé par le droit civil.

Est-il possible d'acquérir le domaine civil en vertu d'un mode de transmission du droit des gens? Ainsi, celui qui a reçu une chose *nec mancipi* par tradition est-il devenu propriétaire *ex jure Quiritium,* de sorte qu'il pourrait intenter la *rei vindicatio?* Des auteurs ont soutenu la négative; ils trouvent une contradiction entre avoir acquis *ex jure gentium* et dire : *Res est mea ex jure Quiritium.* Mais la logique et les textes très-nets et très-clairs des jurisconsultes romains repoussent énergiquement cette opinion. 1° La logique. On verra que les Romains reconnaissaient deux espèces de propriété, le *dominium ex jure Quiritium* et l'*in bonis;* dès là que j'ai l'*in bonis,* un autre a gardé le *nudum jus Quiritium ;* or, si j'avais seulement l'*in bonis* quand une chose *nec mancipi* m'a été livrée, qui donc aurait le *nudum jus Quiritium?* 2° Les textes. En effet, Ulpien, XIX, 2, 3, 7, 16, 17, s'exprime ainsi : « La propriété nous est acquise par la mancipation, la tradition, la *cessio in jure ,* » etc. La tradition, et remarquez les expressions dont il se sert, *singula rerum dominia nobis adquiruntur.* Cela posé, le *dominium ex jure Quiritium* nous est acquis par la *mancipatio,* la *cessio in jure;* ce point est de toute évidence; or, Ulpien met sur la même ligne l'acquisition d'une chose *mancipi* par mancipation, d'une chose *mancipi* ou *nec mancipi* par *cessio in jure,* et celle d'une

chose *nec mancipi* par tradition (Gaius, II, 65, 66, 79).
Il faut ajouter dans le même sens la loi 23, 6, 1, qui
donne la *rei vindicatio* à celui qui a acquis le domaine,
soit par le droit des gens, soit par le droit civil. D'ailleurs, dans le système contraire au nôtre, celui à qui
aurait été livrée la chose *nec mancipi*, ayant seulement
le domaine *in bonis*, aurait besoin, pour arriver au
dominium ex jure Quiritium, de l'usucapion; mais précisément l'usucapion avait seulement deux applications : 1° Lorsque de bonne foi on avait reçu une chose
mancipi ou *nec mancipi* de quelqu'un qui n'en était pas
propriétaire; 2° lorsqu'on avait reçu une chose *mancipi*
par la simple tradition, sans l'intervention d'aucun
mode légitime d'acquérir. Enfin, une *obligatio civilis*
peut résulter d'un contrat du droit des gens : la vente,
le louage, la société, le mandat, contrats du droit des
gens, ne sont-ils pas garantis par le droit civil? Dès
lors, pourquoi la tradition d'une *res nec mancipi* ne
conférerait-elle pas le domaine civil et l'action de revendication qui en est l'apanage?

De même que la mancipation d'une chose *nec mancipi* n'en transfère pas la propriété, de même la tradition d'une chose *mancipi*, bien que faite *ex justa causa*,
n'en transfère pas non plus la propriété; celui qui reçoit cette chose en devient seulement possesseur. Voici,
à cet égard, comment s'exprime le jurisconsulte Gaius :
« Il y a chez les pérégrins un seul domaine, de manière
qu'on est propriétaire ou qu'on ne l'est pas. Le droit
romain suivait autrefois un droit pareil; car, ou l'on
était propriétaire selon le droit des Quirites, ou l'on
n'était pas réputé propriétaire. Mais ensuite, la propriété a reçu une division, en sorte que l'un peut être
propriétaire de la chose selon le droit des Quirites, et

l'autre l'avoir dans ses biens. En effet, si ayant une chose *mancipi*, je ne vous l'ai ni mancipée ni cédée juridiquement, mais que je vous l'aie simplement livrée, cette chose entrera, à la vérité, dans vos biens, mais elle restera mienne d'après le droit des Quirites, jusqu'à ce que vous l'usucapiez en la possédant; car, une fois l'usucapion accomplie, elle commence à être vôtre d'un droit plein et entier, c'est-à-dire à être et dans vos biens et à vous selon le droit des Quirites, de la même façon que si elle avait été mancipée, ou cédée juridiquement. » Gaius, II, 40, 41.

Je n'ai pas l'intention de faire ici la théorie complète du domaine quiritaire et du domaine *in bonis;* aussi bien, cette théorie ne rentre point directement dans mon sujet; toutefois, je dois m'expliquer sur certains points d'une importance supérieure.

Avant la découverte du Gaius de Vérone, cette distinction ne nous était connue que par indications laconiques, fournies par Ulpien et Théophile. Aujourd'hui, nous avons quelques données précises sur ce dédoublement de la propriété, et nous savons qu'il y avait *in bonis* dans d'autres cas que celui où une chose *mancipi* avait été simplement livrée par le propriétaire. Ainsi *bonorum possessio* (Gaius, 4, 35), — *bonorum venditio* (Gaius, 3, 80),—*immissio ex secundo decreto damni infecti causa* (L. 5, D. 39, 2), — *abductio servi ex noxali causa* (L. 26, D., § 6, 9, 4). Peut-on découvrir la cause et le fondement philosophique de cette distinction entre deux domaines? La tradition, on le sait déjà, était insuffisante pour transférer la propriété des choses *mancipi;* en conséquence, alors même que la tradition d'une chose de cette nature avait été faite par le propriétaire avec l'intention et le pouvoir d'aliéner, la propriété et avec elle la *rei vindicatio* continuaient d'appartenir au *tra-dens*. Celui-ci pouvait, contrairement à l'équité et à la bonne foi, revendiquer immédiatement l'objet livré. Un tel résultat ne doit pas étonner ceux qui connaissent la rigueur du droit civil. *Mancipatio, cessio in jure,* voilà des modes solennels de transmission! Recevez une chose *mancipi,* chose éminemment susceptible de mancipation; recevez-la par le mode du droit des gens, appelé tradition, et vous ne serez pas propriétaire suivant le droit des Quirites!

Il est curieux de voir ce trait de mœurs se manifester dans certaines scènes des comédies de Plaute; des fripons trompent des imbéciles en leur faisant acheter sans mancipation des choses de mancipation, des esclaves, par exemple: l'acheteur croit avoir fait une excellente affaire, parce qu'il n'a pas payé cher; mais bientôt un autre fripon vient réclamer l'esclave comme sien, et le pauvre acheteur perd la chose et le prix; mais ce qui n'est pas le plus drôle de l'affaire, il reçoit, par-dessus le marché, des coups de poing qui terminent la pièce.

Le premier remède à cet état de choses fut sans doute l'usucapion (Gaius, II, 41, 42). Mais l'usucapion était un remède imparfait, puisque l'acheteur se trouvait sans défense, pendant un an pour les meubles et pendant deux ans pour les immeubles; d'un autre côté, le commerce devenait de jour en jour plus actif, les relations se multipliaient, le Romain dut s'accommoder mal des solennités, et leur accomplissement dut être négligé ou imparfaitement consommé. L'intervention du préteur, cette voix vivante des lois, était nécessaire. Ainsi s'introduisit une double propriété, une propriété civile, étroite, égoïste, et une propriété du droit des gens, d'équité. Les préteurs procédèrent ici, dit M. Giraud (1), comme dans toutes leurs institutions; ils se contentèrent de créer sans abattre, d'admettre la théorie nouvelle sans abolir l'ancienne. De là ce dualisme surprenant de deux propriétés; la philosophie consomma cette révolution, on rechercha la nature et la cause du droit de propriété, on en pénétra les éléments, et l'on vit qu'au-dessus de la propriété quiritaire il y avait une propriété supérieure, ayant sa base dans le droit naturel.

Le préteur donna au possesseur de la chose *mancipi* livrée *a domino* une exception; de là l'*exceptio rei venditæ et traditæ*, ou l'exception générale de dol, au moyen de laquelle il put paralyser la revendication du *dominus ex jure Quiritium* (2). Mais ce n'était pas encore assez; le préteur avait un pas de plus à faire pour garantir d'une manière sérieuse les droits de celui qui avait reçu la chose *mancipi*. Qu'on suppose, en effet, que celui-ci vienne à perdre la possession de l'immeuble à lui vendu avant que l'usucapion soit accomplie; comment la recouvrer? L'exception n'est qu'un moyen de défense, elle ne saurait être employée par celui qui a cessé de posséder. Dès lors on comprend la nécessité d'une action, et cette action fut la Publicienne, espèce de revendication prétorienne. Cette action est qualifiée de *fictitia*; le juge a mission d'examiner, non pas si la chose est actuellement au demandeur, mais si elle se-

---

(1) *Droit de propriété.*

(2) Lorsque le propriétaire cédait son *nudum jus Quiritium*, l'exception de dol ne pouvait être opposée, par celui qui avait l'*in bonis*, au cessionnaire qui ne s'était pas rendu coupable de dol. C'est pourquoi le préteur, voulant protéger celui qui avait l'*in bonis* contre le cessionnaire, créa une nouvelle exception, l'exception *rei venditæ et traditæ*.

rait à lui en supposant qu'il l'eût possédée pendant le temps requis pour l'usucapion. Écoutons Gaïus sur ce point (Comm. II, 36) : « Cette action est donnée à celui » qui n'a pas encore acquis par usucapion une chose » livrée pour une juste cause, et qui, en ayant perdu » la possession, demande cette chose ». Voilà des expressions suffisamment claires, ce semble ; cependant des jurisconsultes allemands, et des plus illustres, ont soutenu que la Publicienne ne compétait qu'à celui qui avait la *bonæ fidei possessio* et non à celui qui avait la chose *in bonis*. Je réponds d'abord que le texte même de Gaïus peut s'appliquer aussi bien au cas où on a reçu de bonne foi une chose *mancipi* ou *nec mancipi* du non-propriétaire, qu'au cas où on a reçu une chose *mancipi* par simple tradition du propriétaire lui-même. Et puis, logiquement il devait en être ainsi ; effectivement l'usucapion avait lieu dans les deux cas dont je viens de parler ; Gaïus (II, 41, 42, 43) est formel sur ce point ; elle avait pour effet de transformer, au bout du laps de temps fixé, la *possessio in bonis* tout comme la *bonæ fidei possessio* en domaine romain ; or, si pour celle-ci le préteur abrégeait, au moyen de la Publicienne, le temps requis pour l'usucapion, pourquoi pour celle-là n'aurait-il pas agi de même (1) ?

Ainsi donc, celui qui avait l'*in bonis* pouvait intenter la Publicienne. Maintenant, examinons rapidement le jeu de la procédure.

Il est de principe que notre action peut être efficacement exercée contre tout possesseur, voire même contre le propriétaire ; dès lors le propriétaire va être

---

(1) Savigny, *Lehre des Besitzes*, 6e éd., p. 116, n° 1. M. Pellat, *Exposé des principes généraux sur la Propriété*, p. 131 à 135.

condamné à restituer la chose; mais le préteur lui donne l'*exceptio justi dominii*, dont la formule est ainsi rédigée : *Si ea res possessoris non sit*. Grâce à cette exception, il paralysera la Publicienne. Cependant l'*exceptio justi dominii* amènerait un résultat inique, si le propriétaire lui-même avait vendu et livré la chose à son adversaire. Aussi, en ce cas, le demandeur fera ajouter à la formule la réplique : *Si non eam rem possessor vendiderit et tradiderit,* ou simplement la réplique de dol.

En résumé, la possession fragile et précaire résultant pour l'acquéreur de la *traditio* d'une chose *mancipi* avait fini par être aussi énergiquement protégée que le domaine lui-même, et finalement il ne resta au titulaire du *nudum jus Quiritium* qu'un vain titre dépouillé à peu près de toute utilité (1).

Peut-on dire, en l'ancien droit, que la tradition appliquée à une chose *mancipi* n'en conférait jamais le domaine complet ? Non certainement; en effet, supposons qu'un citoyen romain livre *ex juxta causa* un esclave à un pérégrin, l'*accipiens* deviendra propriétaire.

---

(1) La propriété naturelle, *in bonis habere*, quoique non protégée par la revendication, était néanmoins la propriété réelle, effective; elle donnait droit à l'usage et aux produits de la chose, et pouvait être convertie en propriété civile au moyen de l'usucapion (Gaius, II, 41. V. aussi Gaius, I, 54; II, 88; III, 166; Ulp., 19, 23.) Les restrictions auxquelles celui qui avait l'*in bonis* était soumis du temps des jurisconsultes classiques, se réduisent aux points suivants : il ne peut constituer des servitudes *jure civili*, mais seulement *jure prætorio*. L'esclave, affranchi par lui, ne devenait pas citoyen romain, mais seulement Latin junien, et s'il était impubère, la tutelle légitime, en vertu de la loi *Junia Norbana*, appartenait à celui qui avait le *nudum jus Quiritium* (Gaius, I, 167; Ulp., I, 16; XI, 19). Il ne peut léguer *per vindicationem*. (Gai., II, 196.)

Comme il n'y avait pour le pérégrin ni choses *mancipi* ni choses *nec mancipi*, que pour lui toutes les choses étaient de même nature, il pouvait en acquérir la propriété sans distinction, au moyen de la tradition, mode du droit des gens. S'il n'avait que l'*in bonis*, c'est que le *tradens*, le citoyen romain, aurait nécessairement retenu le *nudum jus Quiritium;* or, cela ne peut avoir lieu, car pour le pérégrin il n'y a pas deux domaines, il n'y a qu'une seule et unique propriété. Cette solution, justifiée par le raisonnement, est corroborée par les textes. Ulpien nous dit (t. I, § 16) : « Celui qui a un » esclave *in bonis,* en l'affranchissant le rend Latin. » Un esclave est *in bonis* de quelqu'un de cette manière : » si un citoyen romain a acheté d'un citoyen romain » un esclave, et si cet esclave a été simplement livré, » *si civis a cive romano servum emerit, isque traditus sit* » *ei* »; c'est à dessein que le jurisconsulte a supposé les deux parties citoyens romains. De plus, le § 47 des *Fragments du Vatican* nous dit : « L'usufruit peut être re- » tenu dans la mancipation....., mais en livrant une chose » même *nec mancipi,* pour en transférer la propriété, » le propriétaire ne peut s'en réserver l'usufruit, quand » même il s'agirait d'un esclave livré à un pérégrin ». Donc, à l'égard des pérégrins, l'esclave, bien que chose *mancipi,* est traité comme chose *nec mancipi;* donc la propriété peut en être transférée par un citoyen romain à un pérégrin au moyen de la tradition. On m'objecte que ces textes ne prouvent pas directement et péremptoirement que l'étranger ait pu devenir propriétaire du sol italique, car il ne s'agit dans ces textes que d'une chose mobilière, d'un esclave. Qu'est-ce à dire? Pourquoi donc concéderiez-vous à un pérégrin la propriété d'un esclave, et pourquoi lui refuseriez-vous celle du sol italique (1)? L'esclave, le sol italique sont des choses *mancipi;* or, je le répète, connaît-il la distinction entre les choses *mancipi* et *nec mancipi?* Si un citoyen lui livre un fonds de terre situé en Italie, il aura donc l'*in bonis;* mais qui aura le *nudum jus Quiritium?* le citoyen? Le pérégrin ne connaît pas ce *nudum jus Quiritium.* On m'objecte encore la maxime : *Adversus hostem æterna auctoritas esto.* Mais elle ne prouve qu'une chose, c'est qu'il ne pourrait arriver à la propriété par l'usucapion. Et j'en comprends parfaitement le motif : l'usucapion est un mode de droit civil, donc elle est inaccessible aux étrangers ; mais qu'ils puissent devenir propriétaires par la tradition conformément au droit des gens, voilà, je le répète, une solution que justifient les textes et la raison (2).

Si l'étranger est propriétaire, il aura la revendication, et il n'aura pas besoin d'une fiction pour intenter cette action, car elle dérive du *jus gentium* et non du droit qui régit la cité (Arg. *a cont.*, tiré du § 37, IV, de Gaïus : *Civitas romana peregrino fingitur si eo nomine cum eo agatur, quo nomine nostris legibus actio constituta est*).

ANOMALIE DES FONDS PROVINCIAUX.

Nous avons vu que la mancipation est un mode d'aliénation propre aux choses *mancipi,* la *cessio in jure*

---

(1) Je n'ai pas la prétention de soutenir que dans les temps primitifs de Rome la propriété de l'*ager romanus* a été accessible anx étrangers.

(2) V. la L. 12, § 8, 49, 15. Arg. tiré des mots : *et quod meum jam usucapere intelligi me non potest..*

Telle est aussi la doctrine de M. de Savigny, *Traité de droit romain*, t. II, p. 39.

propre aux choses *mancipi* et *nec mancipi*, que la tradition sert à transmettre la propriété des choses *nec
mancipi;* voilà des principes certains pour le sol italique, ou pour le fonds de terre jouissant du *jus Italicum.* Mais quel mode de transmission emploiera-t-on
pour les fonds provinciaux? Les fonds provinciaux
n'étaient pas susceptibles de propriété privée, *dominium ex jure Quiritium;* le domaine en appartenait au
peuple romain ou à César: *in eo solo,* dit Gaius, II, § 7,
*dominium populi Romani est vel Cæsaris, nos autem pos-
sessionem et usumfructum habere videmur,* nous n'en
avons que la possession et la jouissance; § 21 du même
Gaius, les uns sont stipendiaires, les autres tributaires:
Sont stipendiaires ceux qui appartiennent au peuple
romain, tributaires ceux qui appartiennent à César.
Théophile, § 40, *De rerum divisione,* dit aussi que les
particuliers n'en étaient pas les maîtres, mais qu'ils en
avaient l'usage, la jouissance et la pleine possession,
si bien qu'ils pouvaient les transmettre à d'autres ou
les laisser à leurs héritiers. Puisque les fonds provinciaux n'étaient pas susceptibles de *dominium ex jure
Quiritium,* la conséquence nécessaire était que la mancipation, la *cessio in jure* ne leur étaient pas applicables; comment donc se transféraient-ils? Par la tradition. C'est ce que nous voyons clairement indiqué dans
le § 315 des fragments du Vatican : « Lorsqu'une chose
a été donnée à deux personnes successivement, celui-là
doit être préféré qui le premier a été mis en possession. » Toutefois, s'ils sont susceptibles de tradition,
c'est que la tradition, comme l'explique très-bien
M. Pellat, a pour effet immédiat de transférer la possession, et pour effet médiat de transférer la propriété,
quand cela se peut. En conséquence, celui à qui un

fonds provincial avait été livré en acquérait donc la possession, mais non la propriété, puisqu'elle ne pouvait appartenir à un particulier. Cette possession était-elle précaire, et le détenteur n'avait-il aucune ressource pour faire respecter sa position? Il est très-probable qu'à l'origine elle fut protégée au moyen des interdits; plus tard, à une époque qu'il est difficile de déterminer, le détenteur d'un fonds provincial fut armé d'une action réelle; voici, en effet, ce qu'on lit en la loi 8, au Code *De præscriptione triginta annorum* : *Si quis bona fide per decem vel viginti annos possederit et longi temporis exceptionem contra dominos ejus adquisierit, posteaque fortuito casu possessionem ejus rei perdiderit, posse eum etiam actionem ad vindicandam rem eamdem habere, sancimus, hoc enim et veteres leges, si quis eas recte inspexerit, sanciebant.*

Finalement, en théorie, le détenteur d'un fonds provincial n'avait que la jouissance du sol, mais en fait on lui reconnut une propriété, un domaine, une revendication dans le sens naturel des mots. Fragments du Vatican, § 283, 315, 316.

DROIT DE JUSTINIEN.

A l'époque de Justinien, la propriété foncière a subi une révolution. D'une part, depuis longtemps le *nudum jus Quiritium* avait perdu toute importance; l'*in bonis*, sauf quelques différences dans les formes de procédure, était traité comme le domaine quiritaire. La distinction des deux domaines s'effaça. Aussi, en en consacrant l'abrogation formelle (1), Justinien ne fit que déclarer

---

(1) Loi unique au C. 7, 25, *De nudo jure Quiritium tollendo.*

un état de choses déjà entré dans les habitudes. L'acquisition de la propriété se trouva ramenée ainsi à un système simple, unique, comme dans les temps primitifs; seulement, à l'origine, l'unité avait été le résultat de l'empire exclusif, étroit, tyrannique même du droit civil. Au temps de Justinien, elle fut due à l'influence du droit des gens. On ne voit plus dans le *nudum jus Quiritium* qu'une expression énigmatique et vide de sens, *vacuum et superfluum verbum*. (C. *De nudo jure Quiritium tollendo*, 7, 25.)

Il n'est plus question de *res mancipi* ou *nec mancipi*, de fonds susceptibles ou non de domaine quiritaire; la mancipation, tombée en désuétude, est abolie; avec elle disparaît la *cessio in jure*, on ne distingue plus les fonds de terre italiques et les fonds provinciaux. La tradition prend la place de tous les autres modes solennels d'aliénation; si donc un propriétaire me fait tradition de sa chose, soit à titre de donation, de dot ou à tout autre titre, il est indubitable qu'il me transfère le domaine. L'action publicienne, désormais sans valeur comme action spéciale destinée à la protection de la propriété *in bonis*, n'a plus de sens que comme défense de la possession de bonne foi. Des anciens modes civils d'aliénation, l'adjudication seule subsiste, sans qu'il y ait à distinguer entre le cas où l'instance est un *judicium legitimum* et celui où l'instance est un *judicium imperio continens*.

Justinien ne va pas plus loin, il ne s'élève pas à l'idée de la transmission de la propriété *solo consensu* et sans aucun fait extérieur. La maxime : *Dominia rerum non nudis pactis transferuntur,* est maintenue.

THÉORIE DE LA TRADITION D'APRÈS LE CORPUS JURIS.

Étudions maintenant la théorie de la tradition d'après le *Corpus juris*.

La tradition n'est autre chose que la remise de la possession; or la possession se compose de deux éléments : 1° le fait, qui consiste en ce que la chose est à notre libre disposition, en notre pouvoir et puissance; 2° l'intention, qui consiste dans la volonté de la posséder comme maître. De là il faut conclure que les règles de la tradition sont : 1° que la chose ait été mise à notre disposition, d'une manière ou d'une autre; 2° qu'elle ait été livrée et reçue avec l'intention d'une part de transférer la propriété, et d'autre part de l'acquérir; ces deux conditions réunies, il y a remise de la possession légale. Pour qu'il y ait transmission de la propriété, il faut une troisième condition, la qualité de propriétaire chez le *tradens*, qui, du reste, est capable d'aliéner.

<h2 style="text-align:center">§ Ier.</h2>

Et d'abord, disons-nous, il faut que l'objet qu'on veut aliéner soit mis à la disposition de l'*accipiens;* en d'autres termes, l'appréhension ne consiste pas précisément dans la saisie réelle et physique de la chose, mais plutôt dans un fait matériel quelconque qui donne à l'acquéreur la faculté physique de disposer de la chose et en tout temps, selon son gré. C'est bien ainsi que l'entendaient les jurisconsultes romains, lorsqu'ils disaient que la possession devait être acquise, *corpore;* et ainsi le jurisconsulte Paul se demandant ce qu'il faut entendre par le *corpus,* nous dit : Il ne faut pas l'entendre en ce sens que; si quelqu'un veut posséder un fonds de terre, il sera obligé d'en parcourir toutes les parties, *omnes glebas circumambulet;* mais il suffit qu'il entre dans une partie quelconque du fonds, pourvu qu'il le fasse avec l'intention de posséder le fonds tout entier (D., L. 3, § 1, ff, 2). Le même principe est appliqué en la loi 18, § 2 du même titre : Quand le vendeur a déposé la chose vendue au domicile de l'acheteur, la possession est désormais certaine, bien que cette chose n'ait pas été touchée. De même, quand le vendeur d'un fonds montre à l'acheteur du haut d'une tour le terrain vendu, et qu'il déclare à celui-ci qu'il peut désormais en jouir librement, *vacuam possessionem tradere dicat,* il y a prise de possession. Certes, il n'y a rien que de très-clair et très-précis dans ces textes, et si nos anciens auteurs se sont trompés, c'est leur propre faute et non pas celle des jurisconsultes romains.

Ils ont entendu le premier élément de la possession, le *corpus,* d'une manière beaucoup trop littérale. D'après eux, pour acquérir la possession, il fallait un contact matériel avec la chose; s'il s'agissait d'un immeuble, il fallait y mettre le pied; s'il s'agissait d'un meuble, il fallait le toucher avec la main. Cependant il était impossible de méconnaître que souvent la possession était acquise même avant que la chose eût été appréhendée, mais ils regardaient ces divers cas comme autant d'exceptions qu'il fallait expliquer par des fictions. De là leur distinction entre les traditions réelles et les traditions feintes; celles-ci se subdivisaient en plusieurs espèces : tradition *longæ manus,* tradition *brevis manus,* tradition symbolique, tradition feinte proprement dite. Cette doctrine est exposée par Pothier (*De la vente,* n°s 314 et suiv.), et nous en trouvons des traces dans les art. 1605 et 1606 du Code Napoléon. L'erreur a été mise en lumière par M. de Savigny, dans son beau Traité de la possession. Il a démontré que le contact matériel n'était pas exigé, et qu'il suffisait que la chose fût mise à la libre disposition de l'*accipiens*. (V. l'art. 1604, C. N.).

Examinons donc la théorie exposée par Pothier sur les traditions. La tradition réelle, dit-il, n'a qu'une seule espèce, c'est celle qui se fait lorsque l'acheteur est mis en possession réelle de la chose vendue; les traditions feintes, au contraire, se sous-divisent. La tradition symbolique a lieu par l'intervention de quelque symbole, et il en donne pour exemple la remise des clefs du magasin où sont les choses vendues. Suivant lui, la clef est le symbole de la chose vendue, et il invoque une loi romaine à l'appui. Voici, en effet, comment s'exprime Papinien (L. 74, 18, 1) : *Clavibus traditis, ita mercium in horreis conditarum possessio tradita videtur, si claves apud horrea traditæ sint.* Si les clefs sont le symbole de la chose vendue, peu importe le lieu où elles sont remises, elles sont tout aussi bien un symbole à deux cents lieues qu'à deux pas; cependant, Papinien met une restriction : *si claves apud horrea traditæ sint;* pourquoi? Pothier est étonné et avec raison, aussi supprime-t-il cette restriction; il pense que, d'après les usages, elle n'est pas nécessaire; c'était aussi l'avis de Tiraqueau. Je ne puis m'empêcher de trouver erronée cette interprétation; c'est qu'en effet Papinien ne voyait pas de symbole là où Pothier en voit un, c'est que pour lui il y avait une tradition parfaitement réelle dans la remise des clefs *apud horrea* (1).

---

(1) Ce mot *videtur* du texte ne doit pas éveiller une idée de fiction;

Les commentateurs se sont également mépris en créant la seconde espèce de tradition feinte, la tradition de longue main. Dans les choses de grand poids, dit Pothier, la permission que le vendeur donne à l'acheteur de l'emporter tient lieu de tradition ; lorsque cette permission se donne *in re præsenti,* l'acheteur, avant que de s'être mis en devoir de l'enlever, est censé, par cette permission qui lui est donnée, prendre possession de la chose *oculis et affectu.* L'erreur consiste ici à voir une tradition fictive là où les jurisconsultes romains voyaient une tradition réelle ; une prise de possession par le regard qui constituait une *longa manus* équivalente au toucher. Pothier, qui supprimait une condition pour arriver à la tradition symbolique, est obligé d'en ajouter une pour expliquer sa division ; cette tradition de longue main serait instituée pour les choses difficiles à enlever. Or précisément l'expression *longa manus* se rencontre en un texte où il s'agit de la chose mobilière par excellence, d'une somme d'argent (L. 79, 46, 3).

Enfin nos anciens auteurs, toujours pleins d'imagination pour faire dire en matière de tradition aux Romains ce qu'ils n'ont jamais voulu dire, ont créé une troisième espèce de tradition, la tradition de brève main ; lorsque la chose vendue est par devers l'acheteur qui la tenait du vendeur à titre de loyer ou de prêt à usage, ou de dépôt, ou autrement, le seul consentement du vendeur et de l'acheteur, que l'acheteur la possède dorénavant en son nom et comme propriétaire, tient lieu de tradition ; il a plu aux docteurs, dit Pothier,

---

ce mot s'emploie très-souvent dans les textes pour faire allusion à des faits déjà accomplis, dans lesquels l'idée de fiction n'entre pour rien ; les mots *tradita videtur* doivent être ainsi traduits : la *tradition est accomplie.*

d'appeler cette tradition de brève main, parce que,
disent-ils, *nihil brevius hac traditione ;* mais encore
une fois, il n'y a pas besoin de fiction, et c'est vainement qu'on a invoqué en ce sens la loi 43, § 1, 23, 1,
et la loi 3, § 12 et 13, 26, 1; elles n'ont aucun rapport avec notre question actuelle. Tout ce qu'il faut
dire dans l'espèce prévue par Pothier, c'est qu'il y a
eu une tradition réelle, seulement cette tradition s'est
accomplie en deux actes, en deux temps; la détention
a précédé la juste cause.

Nous terminerons par ce qu'on a appelé le *constitut
possessoire.* Les commentateurs anciens lisaient au
Digeste que si un vendeur, un donateur, en l'acte de
vente ou de donation, déclarait ne plus détenir la chose
qu'à titre de commodat, de précaire, de louage, etc.,
l'acheteur ou le donataire en devenait immédiatement possesseur, et par suite propriétaire (C.,L. 28, 8,
51). Écoutons Ulpien, L. 77, *De rei vindicatione :* « Une
» femme a donné par lettre un fonds à quelqu'un qui
» n'était pas son mari, elle a pris de lui ce même fonds
» à ferme; on peut soutenir que l'action réelle com-
» pète au donataire, qui peut être réputé avoir acquis
» la possession par la donatrice même devenue sa fer-
» mière ». D'après les anciens auteurs, il y a eu une
tradition feinte; le vendeur ou le donateur était censé
avoir livré la chose à l'acheteur ou au donataire, qui, à
son tour, la lui remettait, afin qu'il la détînt à titre de
louage, de commodat. Mais est-il en vérité besoin d'une
fiction? Non assurément, il faut toujours partir de cette
idée que la tradition est la remise de la possession, que
la possession se compose de deux éléments, le fait
d'avoir une chose à sa disposition et l'intention de
l'avoir comme sienne. Or, lorsque je vends une chose

avec rétention d'usufruit, par exemple, l'acheteur a la chose à sa libre disposition, puisque je la détiens pour son compte, et d'un autre côté, il a l'intention d'en devenir propriétaire, donc la possession lui est transférée, et à la suite de la possession, la propriété, puisque j'ai l'intention de la lui transmettre.

§ II.

Pour qu'il y ait remise de la possession, pour qu'il y ait tradition, il ne suffit pas que la chose soit mise en la puissance de l'*accipiens*, il faut de plus, d'une part la volonté de transmettre la propriété, et d'autre part celle de l'acquérir.

Ici se place tout naturellement un paragraphe célèbre des Institutes, le § 41, 1, 2, sur l'explication duquel je dois m'arrêter quelques instants; il forme un contraste saisissant avec l'article 1583 de notre Code civil : « Les choses vendues et livrées ne sont, dit Jus-
» tinien, acquises à l'acheteur que s'il a payé le prix
» au vendeur ou satisfait ce dernier d'une manière
» quelconque en lui donnant un *expromissor* ou un
» gage. Ce principe est consacré par la loi des Douze
» Tables, ce qui n'empêche pas de dire avec raison qu'il
» découle du droit naturel; mais si le vendeur a suivi
» la foi de l'acheteur, il faut décider que la chose est
» acquise sur-le-champ à l'acheteur. » Ainsi, en droit romain, la tradition qui se fait en exécution du contrat de vente ne transfère la propriété à l'acheteur que lorsque le vendeur a été payé ou satisfait du prix. Il y a là purement et simplement une interprétation de volonté; celui qui vend au comptant n'a entendu se dépouiller de sa propriété que si on lui paye le prix;

le texte ajoute : *Vel alio modo ei satisfecerit, veluti expromissore aut pignore dato;* il en serait de même si l'acheteur avait fourni un *adpromissor,* c'est-à-dire une personne qui vient garantir accessoirement l'obligation d'une autre. La propriété est transférée lorsque le vendeur a suivi la foi de l'acheteur sans exiger aucune sûreté, par exemple, en lui accordant un terme, en autres termes, lorsqu'il consentira à n'être que créancier, *irit in creditum,* selon l'énergique expression d'une loi romaine. En supposant que le vendeur a livré la chose vendue, qu'il n'a reçu ni payement ni aucune satisfaction, quelle est la position de l'acheteur? Est-il un possesseur, ou est-il simplement *in possessione?* On a beaucoup discuté sur ce point; aucun texte ne le résout. Je pense que l'acheteur, dans l'espèce, est bien et dûment possesseur, qu'il a donc les interdits. Est-ce qu'il entend posséder pour un autre? Certainement non; on accordera qu'il possède comme le voleur, au moins.

Nous avons vu que si le vendeur avait suivi la foi de l'acheteur, la tradition n'en avait pas moins pour effet de transférer la propriété; mais dans le cas où un procès s'élèverait sur ce point, à qui incomberait la charge de la preuve? A l'acheteur; la présomption étant que le vendeur n'entend abandonner sa propriété que moyennant le payement du prix : donnant donnant; c'est à lui à faire tomber cette présomption.

Je dois maintenant rapprocher du § 41, relatif à la vente, le contrat d'échange, et comparer entre elles, aussi brièvement que possible, ces deux espèces de conventions.

La vente est un contrat consensuel, en autres termes, un contrat qui se forme par le seul consentement. Le simple accord de volontés, dans les principes du droit romain, ne pouvait opérer aucune translation de propriété, mais il valait du moins pour lier l'une des parties contractantes envers l'autre, pour faire naître des obligations *ex utraque parte;* l'échange au contraire n'était pas un contrat consensuel; la simple convention d'échange, tant qu'elle n'avait pas été exécutée par l'une des parties, n'était qu'un simple pacte, *nudum pactum,* ne produisant aucune obligation civile. Néanmoins, dès qu'en exécution de la convention l'une des parties avait livré à l'autre la chose promise en échange, la convention devenait un contrat innommé, *do ut des,* d'où naissait une action civile, l'action *præscriptis verbis.* Aussi la loi 1, § 2, 19, 4, D., nous dit-elle que l'échange est un contrat réel. Chez nous, dit Pothier (621, *Contrat d'échange*), cette distinction entre les contrats et les simples pactes n'existe plus; c'est pourquoi la convention d'échange, dès avant qu'elle ait reçu aucune exécution et aussitôt que le consentement des parties est intervenu, produit de part et d'autre une obligation civile, et elle est un contrat consensuel. Les articles 1702 et 1703 donnent les mêmes définitions; ajoutez cependant qu'aujourd'hui, entre les parties, la convention qui nous occupe est par elle-même translative de propriété, mais qu'elle n'est opposable aux tiers que du jour de la transcription.

La l. 1, § 1, 18, 1, D., nous indique que la vente et l'échange sont deux opérations distinctes. Est-ce là une formule abstraite? Y a-t-il entre ces deux conventions des différences pratiques? Oui, et elles sont très-importantes à signaler : 1° la vente est un contrat consensuel; il y a vente, partant obligations engendrées *ex utraque parte,* dès que les deux parties sont tomhées d'accord sur la chose et sur le prix ; au contraire, pour qu'il y ait échange, il faut non-seulement qu'il y ait accord entre les coéchangistes, mais encore qu'il y ait translation de propriété; d'où cette conséquence : si l'un des deux contractants a livré une chose qui n'était pas sienne, il n'y a pas eu *permutatio* (l. 1, § 3, 19, 4 D. — L. 3, 4, 64 C.); 2° le vendeur non payé ne peut répéter la chose qu'il a aliénée, demander la résolution de la vente (1); il en est réduit à poursuivre l'acheteur en payement du prix au moyen de l'action *venditi* (2). Le coéchangiste est plus favorablement traité; si l'autre partie n'exécute pas la convention, il a le choix entre deux actions : l'action *præscriptis verbis* et la *condictio ob rem dati re non secuta ;* par la première, il poursuivra l'exécution du pacte; par la deuxième, il se fera restituer l'objet même. Paul, l. 5, § 4, 19, 5, s'exprime ainsi : *Vel si meum repetere velim, repetatur quod datum est, quasi ob rem datum re non secuta.* On peut expliquer cette différence entre le vendeur et l'acheteur : le vendeur, qui a livré la chose sans se faire payer, avait pour but de remplir l'obligation qu'il avait contractée en vendant; donc il a atteint son but, donc il ne peut pas intenter une *condictio causa non secuta.* Au contraire, le coéchangiste ne veut pas se libérer de son obligation, il livre afin d'obtenir une contre-livraison, *dedit ut daretur;* le résultat qu'il avait en vue n° s'est pas produit, et l'autre partie n'a pas fait la contre-prestation; son but n'est donc pas atteint, il peut répéter par la *condictio ob rem dati re non secuta ;* 3° dans la vente, il y a deux obligations parfaitement distinctes :

---

(1) V. L. 12, C. 3, 32; L. 0, C. 4, 49; L. 14, C. 4, 44.

(2) A moins qu'il n'ait eu soin d'ajouter au contrat la clause connue sous le nom de *lex commissoria.*

celle du vendeur et celle de l'acheteur. Le vendeur s'oblige seulement à procurer la libre possession de la chose à l'acheteur, il n'est pas obligé à lui transférer la propriété; l'acheteur, de son côté, doit transférer la propriété des écus. Au contraire, en cas d'échange, chacun des contractants est tout à la fois vendeur et acheteur, chacun est obligé à transmettre la propriété de la chose qu'il livre; 4° enfin, suivant certains interprètes, il y aurait une différence entre les deux conventions en ce qui concerne les risques. En matière de vente, les risques sont pour l'acheteur; cela résulte très-clairement du § 3, 3, 23 des Institutes : « Dès que » la vente est conclue, aussitôt les risques de la chose » vendue passent à l'acheteur, bien que la tradition ne » lui ait pas encore été faite ». Je sais bien que le principe a été contesté par Cujas; il a soutenu qu'il n'avait pas été admis dans la pratique romaine, qu'il était resté purement théorique. La loi 33, 19, 2 D. lui a servi principalement d'argument; elle est du jurisconsulte Africain. Africain s'occupe principalement d'une question de louage; incidemment arrive la décision suivante : « Si vous m'avez vendu un fonds, et qu'avant » la tradition ce fonds ait été confisqué, vous, vendeur, » vous êtes tenu envers moi : *Quod hactenus rerum erit* » *ut pretium restituas* ». D'où il résulterait que les risques seraient pour le vendeur. Cela n'est pas admissible. D'abord on remarquera que le même Africain applique en la loi 39 *De solut.,* au Dig., la règle posée aux Institutes, ce qui ébranle singulièrement la puissance du texte invoqué par Cujas (1). On pourrait supposer d'ailleurs que la confiscation avait déjà été pro-

____

(1) M. Demangeat, à son cours.

noncée lors de la vente, en conséquence la chose était hors du domaine des conventions; la vente est nulle, faute d'objet, l'acheteur ne doit pas perdre son prix.

Certains interprètes proposent une autre explication : « La loi 33 est du jurisconsulte Africain, un des juris- » consultes les plus anciens; or, » disent-ils, « il est » permis de croire qu'à l'origine on traitait le vendeur » comme le locateur, qu'il n'avait droit au prix que » pour autant qu'il procurait à l'acheteur la jouissance » effective de la chose vendue; notre texte ne serait » qu'un souvenir maladroit d'une règle abandonnée ». J'ajouterai que ce sentiment d'Africain, qui d'ailleurs se trouve rapporté dans le Digeste incidemment à une autre question, est combattu par les décisions les plus formelles (l. 7 et 8, 18, 0 D., et l. 1 d'Alexandre, et l. 4 de Gordien, au Code, 4, 48.—Inst., *De empt. vend.,* § 4, qui dit précisément : *Emptoris damnum est.* — *V.* Poth., *Vente,* n° 307).

Supposons un échange. J'ai livré à Titius un fonds de terre, pour que lui, de son côté, me livrât un autre fonds; or, le fonds que me devait Titius est emporté par la rivière. Pourrai-je me faire restituer le mien? Celse (l. 16, 12, 4 D.) pose l'espèce suivante : Je vous ai donné de l'argent afin que vous me donniez Stichus. Est-ce là une affaire qui rentre dans le contrat de vente, ou bien n'y a-t-il d'autre obligation que celle qui se forme à la charge de celui qui reçoit dans un but, lequel ne se réalise pas? J'incline à cette dernière opinion. Dès lors, si Stichus est mort, je puis répéter ce que je vous ai livré pour obtenir Stichus. Mais voici un autre texte positif en sens contraire, c'est la loi 5, § 1, au Dig. 19, 5 : Si je vous ai donné des coupes, dit Paul, pour que vous me donniez Stichus, cet esclave sera à mes risques, et vous n'avez à répondre que de votre faute. Des auteurs qui assimilent l'échange à la vente quant à la question des risques, ont proposé de mettre d'accord Paul avec Celse. « Celse suppose que la chose qu'on doit me donner en échange de celle que j'ai fournie est déjà périe au moment où je fournis la mienne; en cas pareil, il ne s'est formé aucune obligation, je puis donc répéter l'objet que j'ai livré. » Je ne puis admettre cette explication, et je crois que Celse professait une opinion particulière sur cette question des risques. Au reste, logiquement, elle est facile à comprendre. Effectivement, j'ai donné pour qu'on me donnât, *dedi ut daretur,* la contre-prestation n'a pas eu lieu, j'ai donné sans cause; partant, je suis autorisé à répéter l'objet que j'ai livré.

Toutefois, l'opinion de Paul prévalut en la jurisprudence romaine ; c'est ce qui résulte clairement de la loi 10, au Code 4, 6 : « *Pecuniam a te datam, si hæc causa, pro qua data est, non culpa accipientis, sed fortuito casu non est secuta, minime repeti posse certum est* ». Au point de vue des risques, je ne sépare donc pas la vente de l'échange. (*V.* M. Machelard, *Des oblig. nat.*)

Le § 40 des Instituts parle de la donation comme juste cause, mais il faut qu'elle ne soit pas réprouvée par le droit civil. Si la chose était livrée par un époux à l'autre pour cause de donation, l'époux donataire n'acquerrait pas la propriété. Il faut savoir, dit Ulpien, l. 3, § 10, 24, 1, D., que la donation entre mari et femme est défendue de telle sorte que ce qui a été fait n'a aucune valeur. De là, si on a livré un objet, la tradition qui en a été faite ne vaut rien (1).

____

(1) Cependant la possession aura été transmise. Paul, en effet, nous

Le titre, en vertu duquel est faite la tradition, doit être légitime, mais il peut n'avoir qu'une existence apparente, il n'y en aura pas moins aliénation. On peut apporter pour exemple le cas d'un héritier qui paye des legs faits par son auteur. Le testament qui était le titre de la dette que l'héritier croyait acquitter se trouve nul, par exemple, par la révocation qui en a été faite par un autre testament. L'héritier a voulu transférer la propriété, et le légataire de son côté a voulu l'acquérir; seulement comme en acquittant le legs l'héritier a payé ce qu'il ne devait pas, il pourra répéter l'objet par lui livré. (L. 2, § 1, 12, 6, D.)

Ici doit se placer l'explication de quelques textes très-importants, relatifs aux effets que peut produire l'erreur. On le sait, l'*animus possessionem et dominium transferendi et adquirendi* est l'élément essentiel de la transmission de la propriété; elle ne s'opère pas si l'erreur exclut cet *animus*. Je livre une chose qui n'est pas celle que je voulais livrer, ou vous recevez une chose qui n'est pas celle que vous voulez recevoir, il y a erreur, *in ipso corpore*, sur l'identité de l'objet, les parties ne se sont pas entendues. La tradition est viciée en son essence, comme nous le voyons indiqué par Ulpien (L. 34, 41, 2, D.).

La condition d'une *justa causa* est indispensable; mais faut-il que les parties aient en vue la même juste cause? Ici nous trouvons un désaccord entre le jurisconsulte Julien et le jurisconsulte Ulpien. Voici l'espèce prévue par Julien (L. 36, 41, 1, D.). Je crois être obligé en

dit (L. 1, § 4; D. 41, 2) *: Si vir uxori cedat possessione, donationis causâ, plerique putant possidere eam quoniam rei facti infirmari jure civili non potest.*

vertu d'un testament à te livrer un fonds, et tu penses
qu'il t'est dû en vertu d'une stipulation, ou je te livre
de l'argent comptant pour te le donner, et tu le reçois
comme prêté. Julien pose ce principe : lorsque nous
sommes d'accord sur l'identité de l'objet livré, mais
que nous sommes en dissentiment sur la cause de la
tradition, la propriété sera transférée ; ce n'est pas un
obstacle, ajoute-t-il, que le désaccord où nous avons
été sur la cause de la dation et de la réception.

Ulpien, au contraire (L. 18, princip., 12, 1, D.), à
propos de la seconde hypothèse prévue par Julien,
s'exprime ainsi : J'incline à admettre que les écus ne
deviennent pas la propriété de celui qui les reçoit,
puisqu'il les a reçus dans une autre intention. Toutefois, cette divergence d'opinions était en définitive
théorique ; au fond, Julien et Ulpien arrivent au même
résultat.

Supposons, comme le suppose d'ailleurs la loi 18,
que le donateur, l'erreur une fois reconnue, révoque
son intention bienveillante et veuille se faire restituer
l'argent. Quelle action doit-il intenter? Ici je résume
l'exposé de M. de Savigny (1) : de deux choses l'une :
ou l'argent existe encore, ou il n'existe plus. Dans le
premier cas, le donateur intentera la revendication,
suivant Ulpien ; une *condictió sine causa*, d'après Julien,
et il n'a pas à craindre d'être repoussé par une exception de dol ; car il n'y a pas de dol à changer de volonté,
tant que la volonté ne s'est pas transformée en un acte
juridique obligatoire. Dans le cas où l'argent a été dépensé, si sa valeur existe encore, par exemple s'il a servi
à l'acquisition d'un immeuble, d'après Julien comme

---

(1) *Traité de droit romain*, t. IV, p. 166, 167, 168.

d'après Ulpien, la *condictio* aura tous ses effets. Enfin, s'il n'y a plus aucune trace de l'argent dépensé, par exemple, s'il a été donné, perdu au jeu ou dissipé (telle est l'hypothèse prévue par Ulpien), alors la condiction doit être repoussée par l'exception de dol. Cette décision est fondée, continue M. de Savigny, sur ce que les condictions, en général, ne sont admises que quand la chose reçue existe encore en nature, ou a été remplacée par une autre faisant partie des biens, ou a été dissipée frauduleusement. Or, il n'y a ici aucun dol ; le donataire, même en se croyant emprunteur, pouvait disposer de la chose, l'argent a été employé conformément à l'intention non encore rétractée de celui qui l'avait compté. Maintenant on peut se demander lequel des deux jurisconsultes a raison. Quel est le progressiste ? Je pense que c'est Julien. Effectivement, débarrassons-nous des textes et demandons-nous s'il n'est pas conforme aux principes du droit et aux règles de l'équité d'assurer à l'intention des parties sa noble prépondérance. Je vous livre de l'argent pour vous le donner, et vous le recevez comme prêté ; je veux vous transférer la propriété, vous voulez l'acquérir. Qu'importe que ce soit en vertu d'une donation ou en vertu d'un *mutuum* (§ 40, Inst. 2, 1 : *Nihil tam conveniens est naturali æquitati, quam voluntatem domini, volentis rem suam in alium transferre, ratam haberi.*)

Supposons que l'une des causes qu'envisagent les parties implique l'idée de transmettre la propriété, et que l'autre au contraire ne l'implique pas.

Ulpien seul s'occupe de cette hypothèse (L. 18, § 1, 12, 1), mais il va sans dire que Julien n'aurait pas été ici d'un autre avis que lui. Ainsi, je vous donne de l'argent dans l'intention de le déposer, et vous le recevez comme prêté : il n'y a ni dépôt ni prêt. Il en est de même si vous me donnez de l'argent dans l'intention de me le prêter en *mutuum*, et que je le reçoive comme prêté en *commodat* pour l'ostentation. Le déposant entend rester propriétaire et reprendre l'objet livré à un moment donné; celui qui croit recevoir en *mutuum*, au contraire, entend que la propriété lui soit transférée. Celui qui livre une chose à titre de *mutuum* veut en transmettre la propriété à l'*accipiens;* au contraire, celui qui croit recevoir à titre de *commodat* pour l'ostentation, n'entend pas devenir propriétaire. En conséquence, il n'y a pas eu translation de propriété; si les écus existent encore, ils pourront être revendiqués. Ont-ils été consommés, il y a lieu à la condiction sans exception de dol.

Je livre le fonds Cornélien, qui passe pour appartenir à Titius, sur le mandat de Titius. Or, précisément ce fonds est ma propriété; la tradition que j'ai faite sera-t-elle translative de propriété? La loi 35, *De adq. rerum dom.*, répond avec raison que la propriété ne s'est pas éloignée de moi, que l'aliénation est nulle, parce que personne ne perd sa chose par erreur; et en effet, peut-être n'aurais-je pas aliéné si j'avais su que la chose m'appartenait. Toutefois, au premier coup d'œil, on croirait qu'un texte est contraire à cette décision; c'est la loi 49, 17, 1. D. Pour qui regarde de plus près, la contradiction n'est qu'apparente; le jurisconsulte Marcellus, auteur de ce texte, prévoit un cas particulier; il suppose que le propriétaire véritable n'a pas seulement livré en vertu du mandat du propriétaire apparent, mais qu'il a vendu; dès lors, il est obligé comme vendeur à la garantie envers l'acheteur, d'où cette conséquence que, si après avoir découvert son erreur, il veut revendiquer, il sera repoussé par l'exception *rei venditæ et traditæ*, et voici le langage que lui tiendra l'*accipiens* : Sans doute, vous êtes resté propriétaire ; partant vous avez la *rei vindicatio*; mais vous m'avez vendu, et, en qualité de vendeur, vous êtes tenu de la garantie; je paralyse donc votre revendication fondée en droit strict par l'exception *rei venditæ et traditæ*. Dans la loi 35 au contraire on ne nous dit pas que le propriétaire véritable ait vendu : « *Si procurator meus rem suam quasi meam tradiderit.* »

Il me reste à examiner le cas dans lequel la propriété est transférée, bien qu'au premier abord il n'y ait pas tradition. « Quelquefois même, sans tradition, dit le § 44 des *Institutes*, 2, 1, la volonté du maître suffit pour aliéner, par exemple, si la chose qui t'a été remise en prêt, à bail ou en dépôt, il te la vend ou te la donne, bien qu'en exécution de cette vente ou de cette donation, il ne l'ait point livrée, par cela seul qu'il consent à ce qu'elle devienne tienne, la propriété t'en est acquise à l'instant, comme si la tradition avait eu lieu dans ce but. » Il me semble qu'il n'est pas exact de dire qu'il y a eu aliénation sans tradition. La tradition, pour transférer la propriété, suppose deux éléments, l'élément matériel et l'élément intentionnel, c'est-à-dire, d'une part, la remise de la chose, et d'autre part, la volonté de transmettre la propriété. Or, précisément dans l'espèce, ils sont réunis, seulement la *nuda traditio* a précédé la *justa causa*. Il y a en définitive une tradition réelle, mais elle s'est accomplie en deux actes.

APPENDICE.

RETOUR *ipso jure* DE LA PROPRIÉTÉ. (Opinion d'Ulpien.)

Les jurisconsultes romains n'avaient pas pensé qu'en transférant la propriété pour cause de vente, de donation, on pût s'en réserver le retour, de sorte que le domaine de la chose qui, depuis la tradition, avait appartenu à l'acheteur ou au donataire, revînt au vendeur, au donateur, *ipso jure*, sans nouvelle tradition.

C'était une clause usitée dans le contrat de vente que le contrat ne tiendrait pas si le vendeur, par la suite et dans l'espace d'un certain temps limité par le contrat, trouvait un autre acheteur qui lui offrît une condition plus avantageuse. Cette condition, suivant l'intention des parties, ou suspendait le contrat jusqu'à son accomplissement, ou elle formait une condition résolutoire qui n'empêchait pas la perfection de la vente, mais donnait au vendeur, lors de l'arrivée de la condition, le droit de demander la résolution du contrat. (L. 2, 18, 2, D.). Dans le dernier cas, l'acheteur, dès que la tradition lui avait été faite, devenait propriétaire (1). Lorsque le vendeur trouvait une offre plus avantageuse, il devait, d'après la doctrine commune des jurisconsultes, agir par action personnelle, puisqu'il avait cessé d'être propriétaire. Quelle était cette action? Il y avait eu controverse sur ce point; les uns donnaient l'action *venditi*, les autres l'action *præscriptis verbis* contre l'acheteur obligé, sous une condition actuellement accomplie, à retransférer la propriété. Ulpien, au contraire, admettait, et cette opinion lui était personnelle, que le vendeur avait une action réelle pour

____

(1) On commençait l'usucapion. (L. 2, § 1; Ulp., *De in diem addictione*).

recouvrer sa chose. (L. 41, 6, 1.) « Aussitôt l'offre meilleure faite et acceptée, l'acheteur ne peut plus user de l'action réelle »; c'est donc qu'il a cessé d'être propriétaire et que le vendeur l'est redevenu, et par suite peut revendiquer.

Une chose a été donnée à cause de mort, le donateur a donné cette chose de manière à en transférer immédiatement la propriété au donataire, mais avec cette condition que la propriété lui sera retransférée, s'il échappe au danger ou s'il survit au donataire. L'un de ces événements est arrivé : le donateur, suivant l'opinion commune, reprendra l'objet de sa donation par la *condictio*. Voici à cet égard un texte de Paul (L. 35, § 3, 39, 6, D.) :... « Les Cassiens n'ont pas douté » qu'on ne puisse répéter par la condiction fondée » sur ce que le but n'a pas été atteint, par cette raison » que quand on transfère la propriété d'une chose, on » le fait soit pour que vous ou moi ou Titius nous exécu- » tions quelque fait, soit pour que quelque chose arrive, » et dans tous les cas la *condictio* prend naissance (1). » Ulpien, au contraire (L. 29, 39, 6, D.), propose d'admettre la revendication : *potest defendi.* Ces expressions prouvent que son opinion souffrait difficulté (V. aussi L. 30, du même titre). Dans cette loi 30, qui est également d'Ulpien, nous voyons ces mots : *Condictionem vel utilem actionem; utilis actio,* c'est l'action *in rem* qu'il admettait, et qu'il appelle *utilis,* parce que son introduction était un écart des principes consacrés. (V. M. Pellat, p. 282, *De la propriété.*) La conséquence pratique du système d'Ulpien est importante : la condition résolutoire se réalisant, les aliénations faites et

―――――――――

(1) V. encore Paul, l. 12, 12, 4. — Pap., l. 5, § 1, 21, 1, D.

les droits réels concédés par celui qui était devenu propriétaire à charge de restitution sont anéantis. « Ainsi
» Marcellus avait écrit, nous dit ce jurisconsulte, que
» quand un fonds a été vendu purement avec le pacte
» d'*addictio in diem*, le droit de gage, que l'acheteur
» y aura constitué, cessera d'exister si le vendeur
» trouve une meilleure condition. D'où il faut conclure
» que l'acheteur était propriétaire dans l'intervalle. »
(L. 4, § 3, *De in diem add.*, D.) Le même Ulpien
cite cette décision de Marcellus en la loi 3, 20, 6, D.

Nous voyons la doctrine d'Ulpien adoptée par un
rescrit de l'empereur Alexandre. (Cod., L. 4, 4, 54.)
*Commissoriæ venditionis legem exercere non potest, qui,
post præstitutum pretii solvendi diem, non vindicationem
rei eligere, sed usurarum pretii petitionem sequi malit.*
Il s'agit dans ce texte du pacte commissoire, c'est-à-
dire du pacte par lequel il est convenu que la vente
sera considérée comme non avenue si l'acheteur ne
paye pas le prix dans un délai déterminé. La résolution,
suite du pacte commissoire, produit-elle ses effets *in
rem* ou *in personam?* La résolution a lieu *in rem*, voilà
ce qui ressort manifestement, à mon sens, du rescrit
d'Alexandre. On le conteste en invoquant un texte
qui refuse précisément la revendication au vendeur.
(Cod., 3, 4, 54, d'Alexandre.) Mais il est probable
que cette décision, qui est un rescrit du même Alexandre, repose sur des circonstances particulières à l'espèce à propos de laquelle elle a été rendue; ce qui le
prouve, ce sont les expressions : *si non precariam
possessionem tradidit.*

Cependant d'autres rescrits reproduisent l'ancienne
doctrine, d'après laquelle la propriété ne peut être
transférée *ad tempus*. Nous lisons au § 283 des Frag-

ments du Vatican, que : « si vous avez fait donation de
» la propriété de fonds stipendiaires, à condition
» qu'elle vous revînt après la mort de celui qui l'a
» reçue, la donation est inutile, puisque la propriété
» n'a pas pu être transférée pour un temps. » (Rescrit
de Dioclétien et Maximien.) Finalement, le système
d'Ulpien prévalut dans le droit de Justinien. (L. 2, au
Cod. *De don. quæ sub modo.*)

Si une chose est léguée *per vindicationem,* sous condition, elle est la propriété de l'héritier après que la
succession lui est acquise, et tant que la condition est
pendante, mais elle appartient au légataire après l'accomplissement de la condition, et l'héritier sera alors
censé n'y avoir eu aucun droit. Sa propriété sera donc
anéantie, et le légataire ne devra pas respecter les
actes d'aliénation faits dans l'intervalle. Voilà ce que
les jurisconsultes avaient admis dès les temps les plus
anciens. Mais ce qu'ils n'avaient pas pu admettre, c'est
qu'après avoir employé un certain mode pour transférer la propriété de sa chose, on pût en redevenir propriétaire, indépendamment de tout mode de transmission (*mancipatio, cessio in jure,* tradition). Primus veut
transférer, pour cause de vente, de donation, la propriété du fonds Cornélien à Secundus; à cet effet, il
emploie l'un des modes d'aliénation déjà indiqués, mais
il veut s'en réserver le retour. (Pacte d'*addictio in diem,*
donation *mortis causa.*) La condition sous laquelle l'acheteur ou le donataire est tenu de rendre la chose, s'accom-
plit; il y a une nouvelle transmission à opérer, partant
un nouveau mode d'aliénation à employer. Telle est
la doctrine commune. Ulpien, le jurisconsulte progressiste, soutient, lui, que la propriété repassera, *ipso
jure,* sur la tête du vendeur ou du donateur.

Dans le cas du legs *per vindicationem,* sous condition, remarquons-le bien, il n'y a qu'une seule transmission. La condition venant à se réaliser, la propriété de l'objet légué s'est transmise, *recta via,* du défunt au légataire, d'où il suit qu'il n'y a pas à tenir compte des droits réels consentis par l'héritier, *pendente conditione* (Gaius, II, 194, 195, 200. V. au Code L. 3, § 2 et 3, 6, 43).

§ III. — ACQUISITION PER EXTRANEAM PERSONAM.

Les règles, que j'ai indiquées jusqu'ici sont spéciales au cas où le sujet agit directement et par lui-même; mais il peut arriver qu'il y ait avantage à agir par l'intermédiaire d'un représentant. Il est de règle qu'on ne pouvait rien acquérir par une personne étrangère; cependant cette rigueur s'adoucit. En ce qui concerne les opérations juridiques solennelles, *mancipatio, cessio in jure,* ces principes restrictifs furent maintenus et rejetés dans les autres. La loi 53, 41, 1, distinguant entre les deux classes d'opérations juridiques, s'exprime ainsi : *Ea quæ civiliter adquirimus per eos qui in potestate nostra sunt veluti stipulationem, quod naturaliter adquiritur sicuti est possessio per quemlibet volentibus nobis possidere adquirimus.* L'acquisition par des représentants libres ne doit être admise que pour les droits qui s'acquièrent sans formes solennelles, et c'est de cette classe de droits que la possession est indiquée comme exemple évident. Si un tiers étranger reçoit pour moi, et comme mon représentant, quelque chose par mancipation, *cessio in jure,* dans l'intention de me l'acquérir, cette acquisition n'a pas lieu. Est-ce à dire que je ne puisse jamais par lui acquérir la propriété? Non. Je puis acquérir par son entremise la possession, et par cette possession la propriété, si celui qui a livré était propriétaire (liv. II, IX, § 5 aux *Inst.*). On pourrait croire, d'après le § 5 des *Institutes*, que cette règle ne remonte qu'à l'empereur Sévère, mais il est certain qu'elle est beaucoup plus ancienne. C'est ce que démontre d'une manière péremptoire mon savant maître M. Demangeat (1). D'abord, dit-il, elle paraît indiquée dans le chapitre 33 de la loi Thoria, qui est de la fin de la république. De plus, nous avons des textes de jurisconsultes qui la supposent déjà en vigueur de leur temps (1° L. 51, *De adq. poss.*, de Labéon; 2° L. 13, 11, 1, de Nératius; or Nératius vivait du temps de Trajan; 3° L. 11, 11, 3; également de Nératius).

Animo nostro, corpore etiam alieno possidemus. Appliquons cette idée. Un tiers achète pour moi un fonds, sans que je lui en aie donné mandat. Il a agi *sponte sua.* A partir du moment où le fonds lui est livré, il y a pour moi acquisition *corpore,* mais attendu que je n'ai pas l'*animus possidendi,* je ne le deviendrai que lorsque j'aurai ratifié (L. 42, § 1, *De adq. poss.*). Au contraire, si le tiers à qui j'ai donné personnellement mandat d'acheter, a reçu pour moi, il m'acquiert la possession et par suite la propriété, du moment où il a reçu la chose à sa disposition, et dès avant même que je sache qu'il l'a reçue : *placet non solum scientibus sed et ignorantibus nobis adquiri possessionem.* (L. 2, § 1, *De adq. poss.*)

Suivant certains interprètes, Septime Sévère aurait innové en admettant que je puis acquérir même à mon insu. Cette opinion est inadmissible. Elle est réfutée par la loi 1, au Code 7, 32, qui est précisément du même empereur Sévère. Je la traduis : « Nous pouvons acqué-

------

(1) A son cours.

» rir la possession même à notre insu par une personne
» libre, et lorsque nous aurons connaissance de la prise
» de possession, l'usucapion pourra commencer. Cela a
» été admis tant par raison d'utilité que par la juris-
» prudence : *tam ratione utilitatis quam jurisprudentia
» receptum est.* » Est-ce clair? Sévère n'a fait que con-
sacrer une règle déjà admise avant lui.

On a encore soutenu que l'opinion d'après laquelle
on peut acquérir la possession par une personne libre,
n'avait pas été admise par tous les jurisconsultes, et
l'on a invoqué en ce sens la loi 59, 41, 1 : « La chose
» achetée par mon mandataire ne deviendra mienne
» qu'autant que celui qui l'a achetée me l'aura livrée. »
La réponse est simple, la loi s'occupe d'une hypothèse
spéciale, il a été convenu entre le mandant et le mandataire que celui-ci acquerra comme pour lui-même,
sauf plus tard à transférer au mandant la chose acquise.

L'infidélité du mandataire qui voudrait acquérir
pour lui-même, aurait-elle pour effet d'empêcher la
transmission de propriété au profit du mandant? Ici
les jurisconsultes romains n'étaient pas d'accord. D'après
Julien (L. 37, § 6, 41, 1), l'intention du représentant
n'étant pas d'acquérir pour le représenté et à qui celui
qui livre veut faire parvenir la propriété, mais d'acquérir pour lui-même, la propriété ne sera pas transmise : *nihil agetur.* Ulpien, au contraire (L. 13, 39, 5),
décide que, malgré l'infidélité du représentant, il n'y
en aura pas moins transfert de propriété au profit du représenté, conformément à l'intention de celui qui livre.

Les deux jurisconsultes prévoient une autre hypothèse : Une personne veut me transférer la propriété
d'une chose, je l'invite à livrer cette chose à un esclave
commun entre moi et Titius; et cet esclave la reçoit

dans l'intention de la faire acquérir à Titius, ou tout à la fois à moi et à Titius. Suivant Julien, dans le premier cas, il n'y a rien de fait, la tradition est sans effet; dans le deuxième cas, une moitié de l'objet me sera acquise; quant à l'autre moitié que l'esclave a voulu faire acquérir à Titius, *nihil agetur*. Ulpien, au contraire, dans les deux cas, soutient que la propriété me sera acquise tout entière conformément à l'intention du *tradens* : « *Et placet, quamvis servus hac mente acceperit, ut socio meo vel mihi et socio adquirat, mihi tamen adquiri. Nam et si curatori meo hoc animo rem tradiderit, ut mihi adquirat, ille quasi sibi adquisiturus acceperit, nihil agit in sua persona, sed mihi adquirit.* » Il est clair comme le jour que ces deux textes sont en contradiction. Cependant des interprètes ont essayé de les concilier. C'est d'abord Cujas (*Comment. in libr.* XLIV. Dig. Juliani, t. VI, 309), qui, dans le texte de Julien, après *nihil agetur*, met *in persona Titii* ou *in sua persona*, et ajoute : *sed mihi adquiret*. Pothier, en ses *Pandectes*, sous-entend cette restriction : *sed mihi adquiret cum ratum habuero*. M. de Savigny (*Traité de la possession*, p. 331) prétend qu'à ces mots, *nihil agetur*, il faut ajouter ceux-ci : *ex mente procuratoris*, de sorte que *nihil agetur* serait synonyme de *id non agetur*. D'autres auteurs cependant, entre autres MM. Pellat et Demangeat (1), avouent l'opposition entre les deux jurisconsultes, et pour ma part je partage leur avis. Du reste, on comprend comment certains jurisconsultes aient pu hésiter à considérer le mandant comme possesseur et par suite propriétaire, lorsque le

---

(1) M. Pellat, *Textes choisis des Pand.*; M. Demangeat, à son cours; V. aussi Glück, § 582 (t. VIII).

méconnus (1); les seigneurs so dirent hardiment pro·
priétaires originaires des biens situés dans leur mou·
vance, leurs vassaux ne les tenant que sous la réserve
d'une directe qui devait se manifester à chaque mutation. Nulle terre sans seigneur, voilà l'axiome posé par
Loysel, en ses *Institutes coutumières*. En conséquence
de ces principes, toutes les fois que le fief changeait de
main, le nouveau vassal devait obtenir l'ensaisinement
du seigneur dominant. La transmission de la propriété
devint autre chose qu'une affaire privée, elle intéressa
l'ordre politique lui-même. Or, ce n'était pas chose in-
différente pour le seigneur d'avoir tel ou tel vassal, car
c'est le vassal qui lui devait aide et protection, et qui
suivait sa bannière de combat. Les formalités de l'ensaisinement sont décrites dans les fragments de l'ancien
droit avec un soin minutieux. Là, le symbolisme est en
son plein; il y a l'investiture par la terre, le bâton, la
lance, le couteau, l'anneau; il y a aussi pour les biens
ecclésiastiques l'investiture par l'encrier, la plume, le
papier, le beffroi, la corde du beffroi; je pourrais citer
d'autres modes, car Ducange n'en indique pas moins
de quatre-vingt-dix-huit, sauf erreur ou omission.
Après l'investiture vient la foi, l'hommage; il est simple
ou lige; je ne m'occupe que de l'hommage lige, de
beaucoup le plus fréquent. Le vassal se présente devant
le seigneur la tête nue, sans baudrier, sans épée ni
éperons, se met à genoux et les mains jointes entre les
siennes, il s'exprime ainsi : « Sire, je viens à vostre
» hommage et en vostre foy, et deviens vostre homme
» de bouche et de mains, et vous jure, et vous pro-

---

(1) M. Dupin, p. 145-146. (*Coutume de Nivernais*, publiée par
M. Dupin, 1864.)

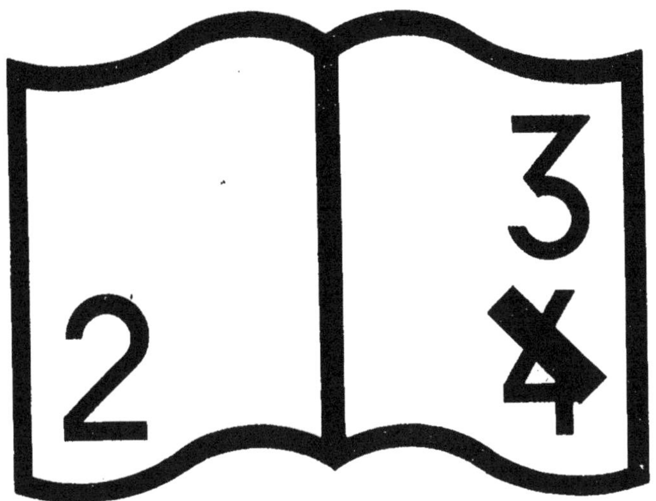

Pagination incorrecte — date incorrecte

NF Z 43-120-12

» mets foy et loyauté envers et contre tous, et garder
» vostre droit en mon pouvoir. » L'hommage noble
» était souvent reçu par un baiser : « Je vous reçois et
» preing à bons, et vous en bese en nom de foy, et sauf
» mon droit et l'autruy. » Les roturiers qui étaient in-
vestis d'un fief juraient, mais n'embrassaient pas.
(Mich., *Or. du dr. Fr.*, t. II, p. 24, 25.)

La formalité de l'hommage doit être accomplie avec
une religieuse exactitude. Il n'est pas permis au vassal
de tousser, de cracher, d'éternuer pendant la cérémonie. On se demande, dans le *Jus feudale Alemanicum*, s'il
mérite d'être puni pour ne pas s'être tenu droit, pour
avoir chassé les mouches en sa présence; certains disent
qu'il doit trembler des mains. La cérémonie n'est pas
terminée, il faut encore que le vassal engage sa foi
par un serment prêté ordinairement la main étendue
sur les saintes Écritures (1). S'il ne trouve pas son seigneur, il doit heurter trois fois à la porte et appeler trois
fois; si l'on n'ouvre pas, il baise le verrou de la porte
et récite les formules de l'hommage comme si le seigneur était présent. (Loysel, liv. IV, t. III, *Établiss. de
Saint-Louis*, II, 18.)

Ce n'était pas seulement à chaque mutation de fief
que ces rites sacramentels, ces pantomimes légales devaient s'accomplir; les propriétés roturières, généralement désignées sous le nom de censives, y étaient également soumises; comme les fiefs, la féodalité les étrei-
gnait dans son vaste réseau, il fallait donc que chaque

---

(1) Comme preuve du fétichisme de la forme, voyez une ordonnance
du roi Jean (de 1350). Il paraît qu'à Lille, si en prêtant serment on
élevait la main plus haut que l'usage ne le prescrivait, ou si on n'ap-
puyait son pouce dans le creux de la main, la coutume attachait à ce
défaut d'observance la peine de nullité. Ord., II, 400.

mutation fût approuvée et confirmée par le seigneur, de qui tout était censé relever originairement, il fallait qu'il donnât le vest au nouvel acquéreur.

L'investiture pour les fiefs, le vest et l'invest pour les censives étaient constatés sur un registre public; les tiers intéressés pouvaient en prendre connaissance. Brillon, en son *Dictionnaire des arrêts*, nous dit (Voir *Ensaisinement*) : « Les ensaisinements doivent être écrits sur un registre en bonne forme; le registre doit être communiqué indifféremment à tout le monde. » Toutefois, qu'on le remarque bien, en organisant ces solennités pour la transmission de la propriété foncière, on n'avait pas pour but de favoriser le développement du crédit public; sans doute, de tout cela pouvait résulter une certaine publicité, mais elle était exigée moins dans l'intérêt des tiers que dans l'intérêt du seigneur lui-même.

Cependant, sous l'influence de causes diverses, les liens de suzeraineté et de vasselage se relâchèrent peu à peu; c'est de Paris que partit la réaction contre les entraves apportées au libre mouvement de la propriété foncière. Pays antiféodal, pays des procédés expéditifs, Paris s'accommoda mal de la saisine et du luxe de formalités qui l'entouraient, propres à gêner les transactions et à en diminuer le nombre; il fallait que le commerce fût plus libre, *quo liberius esset rerum commercium præsertim Parisiis,* disait Dumoulin. La grande ville a toujours appartenu au roi de France, et les rois de France luttent avec énergie contre le pouvoir féodal. Ayant repris de la force, et avec la force son ascendant, sorte de grande magistrature dont la mission est de maintenir ou de rétablir la paix, de protéger les faibles, possédant le pouvoir en quelque sorte de grand juge de paix du pays (1), elle démolit pièce à pièce le vaste édifice construit par la féodalité. Elle est aidée en sa mission de réparation par la renaissance de l'étude des lois romaines ; les étudiants, affluant de tous les points de l'Europe à l'Université de Paris, entendent professer le principe : *Quod principi placuit legis habet vigorem.* Beaumanoir dira : « Le roi est le souverain par-dessus tout, pour quoi il peut faire les établissements qu'il lui plaît pour le profit commun. » (*Cout. de Beauvoisis,* ch. xxxiv.)

A l'étude du droit romain se forment les légistes. Philippe le Bel les introduit dans le Parlement, et depuis que ces chevaliers en droit, tout bardés de textes de Justinien et d'arguments subtils, ont été admis, la cour du roi est devenue le foyer le plus actif de la réaction contre le pouvoir féodal ; d'un autre côté, les seigneurs féodaux déconcertés, parce qu'ils sont étrangers à la science de plus en plus spéciale du droit, laissent peu à peu leurs siéges aux humbles conseillers, et, pour rentrer directement dans mon sujet, on voit bientôt l'ensaisinement tomber en désuétude.

§ III. — DROIT COUTUMIER.

I. *Pays de nantissement.* — *Coutumes de Bretagne et de Normandie.*

C'est au sein du parlément de Paris que prend naissance la maxime : Il ne prend saisine qui ne veut. Les coutumiers, secondant un mouvement si favorable, la proclament à l'envi. (*Grand coutumier de Charles VI,* t. II, ch. xxv. Paris, 82 ; Auxerre, 84 ; Meaux, 199 ; Sens, 116 ; Montargis, 49-53.)

____

(1) Guizot, *Hist. de la civil. en Europe.*

On laissa le droit formaliste au génie tenace de la Bretagne, à l'esprit procédurier de la Normandie, et à certaines coutumes du nord de la France.

C'est dans ces pays dits pays de nantissement que nous trouvons l'origine de notre loi sur la transcription; ils se composaient principalement de la Flandre, de l'Artois, de la Picardie et du Vermandois. En ces pays, l'ancienne maxime de la nécessité de l'investiture pour la transmission de la propriété se maintint en se transformant : nulle transmission de propriété immobilière sans l'accomplissement des devoirs de loi, c'est-à-dire sans l'ensaisinement confirmé par l'autorité publique (1). Ces solennités portaient des dénominations très-diverses; les unes expriment vivement la chose : dessaisine et saisine — devest et vest — déshéritance et adhéritance; les autres sont moins significatives : mainmise, mise de fait — devoirs de loi — nantissement. Elles exigeaient l'intervention d'un officier public, et elles étaient constatées sur un registre public. On ne peut méconnaître l'origine toute féodale de ces formalités; mais un changement s'est opéré au dix-septième et au dix-huitième siècle. Comme le dit M. Troplong, « la pensée matérialiste dont était sorti » ce système des devoirs de loi se prêta à un aperçu » nouveau qui y était en germe, quoique très-obscuré- » ment; de la publicité créée à peu près uniquement » dans l'intérêt du seigneur, on arriva à une publicité » assurant la sécurité des tiers, on donna à la propriété » des registres civils ».

Et ce qui prouve la vérité de cette assertion, c'est

____

(1) Hainaut, ch. 01, art. 1; Liége, ch. 0, art. 1; Artois, art. 71; Lille, t. X, 3; Vermandois, art. 126; Cambrésis, t. V, art. 1; Amiens, art. 137, etc.

que les aliénations d'alleux, qui se trouvaient par leur
nature en dehors du régime féodal, devaient avoir lieu
publiquement et être enregistrées ; seulement, l'investiture au lieu de se faire par-devant le seigneur ou l'officier du seigneur, se faisait devant deux propriétaires
d'alleux, deux francs-alloëtiers. Voici à cet égard comment s'exprime la coutume de Hainaut, 106, ch. II :
« Au regard des vendages d'alloets, reprises lignagères,
aliénations ou dispositions nouvelles, il en sera fait
comme dit est ci-dessus pour fief. » Veut-on avoir une
preuve manifeste que l'idée d'asseoir sur des bases
solides le crédit foncier domine la législation des pays
du Nord ? En 1673 (1), un placard de l'archiduc d'Autriche rappelle à l'observation des lois antérieures sur
la nécessité des formalités de publicité destinées à
avertir le public de la transmission de la propriété
immobilière, il déclare que toutes les aliénations de
biens immeubles n'auront d'effet et de réalisation au
préjudice des tierces personnes que si lesdites aliénations ont été enregistrées au livre des juges où les biens
sont situés (2).

Quelle était la conséquence du défaut d'accomplissement de ces formalités ? Entre les parties, la mutation
n'était parfaite qu'autant qu'il y avait eu dessaisine ou
saisine ; toutefois l'acheteur avait une action pour se
faire investir contre le vendeur qui ne l'ensaisinait pas.
A l'égard des tiers, l'acheteur n'était propriétaire que
du jour où il avait été ensaisiné ; de là la conséquence
qu'entre deux acquéreurs successifs, le premier qui

____

(1) 1673, année même où Colbert, comme nous le dirons plus
loin, est obligé de renoncer à l'exécution de son édit sur la publicité
des hypothèques.

(2) Merlin, *Répert.*, v° *Nantissement.*

avait obéi à la coutume devait avoir la préférence. La coutume de la Châtellenie de Lille porte « qu'une vente ou donation réalisée fait préférer à autre vendition ou donation précédente verbalement faite seulement. » V. Vermandois, art. 128; Chauni, art. 33; Reims, 166.

Disons maintenant quelques mots de la coutume de Bretagne et de celle de Normandie. En Bretagne, nous trouvons le système des appropriances. Lorsque l'acheteur a pris possession réelle de l'immeuble, il fait connaître son droit par trois proclamations ou trois bannies de son contrat d'acquisition, il fait rapporter et certifier lesdites bannies aux prochains plaids généraux du lieu ou du juge supérieur, art. 269 et suivants. Après la certification dûment faite, tous les droits réels des tiers qui ne s'y étaient opposés, étaient éteints.

En Normandie, les mutations devaient être aussi rendues publiques pour consolider l'acquisition. Cette publicité se donnait par la lecture du contrat à l'issue de la messe paroissiale, mais elle n'avait d'autre résultat que de faire courir le délai de retrait lignager. *Cout. de Normandie,* art. 152-155.

II. *Droit commun de la France.*

On n'y retrouve ni la vieille pratique retenue pour les pays de nantissement, ni les moyens de consolidation de la propriété organisés par la coutume de Bretagne, et dans des proportions beaucoup plus restreintes, par celle de Normandie. Le droit commun de la France était le système romain de la tradition (1).

______

(1) Toutefois il y eut quelques exceptions locales. La coutume de Clermont avait conservé l'ancien usage : « Quand aucun a acquis quelque héritage roturier, il ne peut se mettre audit héritage sans saisine du seigneur sous peine de soixante sols d'amende. » (Art. 114.)

Nos anciens auteurs inventèrent les traditions réelles et les traditions feintes. Cette distinction une fois adoptée entre ces deux classes de tradition, il fallait lui trouver une application. Aussi des auteurs voulurent soutenir que la tradition feinte n'avait pas la même énergie que la tradition réelle, parce qu'elle ne comportait pas la même publicité et ne présentait pas les mêmes garanties pour les tiers; suivant eux, la deuxième devait l'emporter sur la première. Aussi Charondas, à propos d'un conflit qui s'était élevé entre un acheteur de qui le vendeur avait pris à loyer le fonds de terre vendu et un acheteur postérieur mis en possession effective, répondit : que la possession du second acheteur était plus forte et mieux fondée, et que la constitution des empereurs, qui préférait celui des deux acheteurs auquel premier la tradition avait été faite, parlait d'une tradition de fait et non de celle suppléée et entendue par la subtilité du droit. Il y a certainement du vrai au fond de cette doctrine, et l'on voit ici un effort de l'idée moderne du crédit pour se faire place dans la législation; mais l'effort fut impuissant : Pothier et Guy Pape démontrèrent que les traditions avaient toutes pour effet de transférer la propriété à l'égard des tiers comme des parties contractantes (Guy Pape, *Décision* 112. — Pothier, *Vente*, n° 322.).

On ne s'arrêta même pas au droit romain dans la réaction contre le formalisme du droit féodal, la tradition parut même trop gênante. En théorie, sans doute, elle fut toujours considérée comme indispensable pour opérer la translation de propriété; mais, en pratique, elle arrive à être supprimée par la fréquence de la clause de dessaisine-saisine, devenue de style dans les actes authentiques relatifs aux aliénations. En la coutume d'Orléans, art. 278, la simple cause de saisine équipollait à tradition. Dumoulin critiquait énergiquement cette clause de constitut. *Ista*, disait-il, *non est neque vera, neque ficta traditio.* Et Ricard regrettait que la tradition, qui avait pour objet le bien public et la sûreté du commerce, ne servît plus dans la plupart des coutumes qu'à grossir les clauses du contrat et ne dépendît plus que du style des notaires (1). Ricard fait erreur lorsqu'il dit que l'objet primitif de la tradition a été le bien public et la sûreté du commerce. J'ai démontré au contraire à plusieurs reprises que la tradition a son germe, son principe, dans le matérialisme des peuples qui sont encore dans l'enfance. Toutefois, il est certain qu'*a posteriori* elle peut servir de véhicule à la publicité, faire planer la lumière sur la transmission de la propriété.

Enfin des esprits plus hardis, s'élevant dans les régions de la spéculation pure, arrivèrent à mettre en question la légitimité même de la tradition. Grotius, Puffendorf, et autres qui ont écrit sur le droit naturel, prétendirent que le principe du droit romain, « que le domaine des choses ne peut passer d'une personne à une autre que par la tradition, » n'était point pris dans la nature; que c'était un principe de droit purement positif, qui n'avait été attribué au droit des gens qu'improprement, parce qu'il avait été reçu de plusieurs nations; mais que, dans les purs termes du droit naturel, rien n'empêchait que la seule convention pût transférer la propriété. Ils ajoutaient : « Le domaine

---

(1) Ricard, *Des don.*, part. Ire, n° 901 ; Argou, *Inst.*, liv. III, ch. xviii; Dumoulin, *Sur la Cout. de Paris*, tit. I, § 20; Glose, V, n° 16; Charondas, *Rép. du dr. fr.*, liv. II, Rép. LXII.

d'une chose étant essentiellement le droit d'en disposer comme bon nous semblera, c'est une suite de ce droit que j'ai de disposer de ma chose comme bon me semblera, que je puisse, par ma seule volonté et sans aucun fait, transférer le domaine de cette chose à telle personne que bon me semblera, qui voudra bien l'acquérir. » (Pothier, *De la propr.*, n° 245.)

III. *Essais infructueux d'organisation de la publicité.*

Il n'est pas sans intérêt d'étudier comment et pour quelle raison toute tentative d'organisation du crédit public fut repoussée en notre ancienne jurisprudence.

Henri III, par l'édit de 1581, exige la publicité par enregistrement, faute de quoi on n'acquerrait point droit de propriété ou d'hypothèque sur les héritages; l'édit est vivement attaqué et révoqué en 1588. Henri IV et Sully essayent aussi de jeter quelque lumière sur la propriété, et l'édit de 1606 prescrit la publicité des contrats, des hypothèques, des déclarations d'emprunts; il rencontre les mêmes obstacles dans l'esprit public qu'en 1581. L'édit n'est enregistré qu'au parlement de Normandie; il ne fut jamais exécuté dans les autres parlements. Colbert, dans le préambule de l'édit de 1673, manifeste l'intention de perfectionner par une disposition universelle ce que quelques coutumes avaient essayé par les saisines et nantissements. L'expérience avait dénoncé les inconvénients du système du droit occulte; la noblesse, qui était en possession de vastes domaines, fascinait les yeux du tiers état, et le tiers état, ébloui par de brillantes mais trop souvent mensongères apparences, lui prêtait ses capitaux et ne les

retrouvait pas; il fallait déchirer le voile qui couvrait
la propriété. Colbert le tenta, mais sa tentative vint se
heurter aux préjugés et aux intérêts du moment (1);
la noblesse, effrayée d'une mesure qui mettrait à nu
l'état de son patrimoine, résista de la manière la plus
énergique, et l'édit de 1673 fut révoqué en 1674,
« par le motif que les règlements les plus utiles ont
» leurs difficultés dans leur premier établissement, et
» il s'en rencontre dans celui-ci *qui ne peuvent être sur-*
» *montées* (2). » On est étonné de voir le chancelier
d'Aguesseau combattre le principe de la publicité :
« On a cru, disait-il, que rien n'était plus contraire au
» bien et à l'avantage de toutes les familles que de faire
» trop connaître l'état de la fortune des particuliers;
» c'est livrer presque toutes en un moment aux pour-
» suites rigoureuses de leurs créanciers, c'est forcer le
» dernier retranchement de la pauvreté, faire voir à
» découvert la misère du plus grand nombre des sujets
» du roi, et mettre en un seul jour plus des trois quarts
» du royaume en décret. Enfin, comme le nombre des
» débiteurs est très-considérable dans le royaume, leur
» intérêt devient pour ainsi dire une espèce de raison
» d'État; ce n'est que trop vrai en la conjoncture pré-
» sente. »(V. t. XII, p. 622, 623.) Finalement, on ne prend
aucune mesure pour éclairer les positions de ceux qui
empruntent ou qui vendent (3). Colbert a vu plus loin

---

(1) V. ce que dit à ce sujet M. Laferrière (*Essai sur l'histoire du
droit français*, t. 1, p. 364, 365.

(2) Tous les jurisconsultes, Basnage en tête, se placèrent à un
point de vue étroit pour juger l'édit de Colbert. Pour eux, ce fut une
mesure purement fiscale.

(3) La seule amélioration de notre régime hypothécaire, depuis
l'édit de Colbert jusqu'à la Révolution, consiste dans l'introduction
de la purge des hypothèques.

et plus clair que ses contemporains; comme les grands génies, il a devancé son temps. Qu'il se confie à la tardive mais immortelle justice de l'avenir : la vérité, à travers les ténèbres dont on cherche à l'obscurcir, finit toujours par trouver des issues secrètes, des lueurs imprévues et des épanouissements qu'on cherche vainement à arrêter : la postérité a vengé Colbert de l'opposition de ses contemporains.

§ IV. — DROIT INTERMÉDIAIRE.

A. *Loi de 1790.*

Vint la Révolution, qui supprima les justices seigneuriales. Où allait-on désormais remplir les formalités de dévest et d'invest? Allaient-elles subsister? Il fallait pour les pays de nantissement une loi nouvelle qui leur donnât le moyen de suppléer à des formalités que l'on ne pouvait plus y remplir. Ce fut là l'objet de la loi du 27 septembre 1790. Voici ce qu'elle portait : « Art. 3. A compter du jour où les tribunaux de district seront installés dans les pays de nantissement, les formalités de dessaisine, saisine, etc., et généralement toutes celles qui tiennent au nantissement féodal et censuel, seront et demeureront abolies : et jusqu'à ce qu'il en ait été ordonné autrement, la transcription des grosses, des contrats d'aliénation ou d'hypothèque, en tiendra lieu et suffira en conséquence pour consommer les aliénations et les constitutions d'hypothèques, sans préjudice, quant à la manière d'hypothéquer les biens, de l'exécution de l'article 35 de l'édit du mois de juin 1771 et de la déclaration du 27 juin 1772, dans ceux des pays de nantissement où ces lois ont été publiées.

Art. 4. Lesdites transcriptions seront faites par les greffiers des tribunaux de district de la situation des biens, etc.

Cette loi est la première où l'on rencontre le mot de transcription. On le voit, du reste, le changement consiste dans la forme sans atteindre le principe. On substitue seulement au greffe de la justice féodale celui du tribunal de district. Comme le nantissement, la formalité était nécessaire pour consommer les aliénations (1). Les termes généraux et absolus de la loi de 1790 excluaient toute distinction entre les tiers et les parties contractantes ; jusqu'à ce que la transcription fût opérée, nulle transmission même entre les parties contractantes.

La loi ne s'appliquait qu'aux pays de nantissement ; le reste de la France conserva sa jurisprudence telle que nous l'avons constatée plus haut.

Cet état de choses subsista jusqu'à la loi du 11 brumaire an VII. Cette loi, en réformant le système hypothécaire, modifia à cette occasion les règles sur la transmission de la propriété foncière.

D. *Loi de messidor an III. — Loi du 11 brumaire an VII.*

Cependant l'exemple donné par les pays de nantissement avait été un sujet de méditation pour les esprits des réformateurs. A la fin du dix-huitième siècle, la secte des économistes devait tenter un essai de réalisation. Les tendances politiques devaient conduire à l'idée de rendre le mouvement de la propriété aussi facile et aussi rapide que possible, et l'on devait accepter avec enthousiasme un système qui ferait perdre le souvenir

---

(1) V. M. Duverdy, *Revue hist.*, t. I, p. 97 et suiv.

et la trace des anciens propriétaires, pour mettre la propriété entre les mains d'hommes nouveaux. Avant 89, la propriété avait été enchaînée par mille entraves, elle sortait bien difficilement de la prison étroite où elle était retenue. Maintenant, pour lui donner plus d'essor, on voulait la mobiliser, et en la mobilisant ainsi on n'eût réussi qu'à la volatiliser. En 89, il y a chez tous une fièvre de bouleversement de toutes les anciennes institutions ; c'est le passé, bon ou mauvais, cela suffit pour qu'il disparaisse à jamais ! On rêve à la possibilité de battre monnaie avec le sol, de porter sa fortune immobilière en portefeuille, comme nous portons aujourd'hui nos actions de chemins de fer. Pour cela, il fallait débarrasser la propriété de l'entrave des droits réels, et la publicité absolue qui effrayait d'Aguesseau devenait une nécessité impérieuse. Tel est l'esprit du premier essai législatif dans le système nouveau sur la transmission de la propriété, et il se traduit par la loi du 9 messidor an III, qui crée les conservateurs des hypothèques. D'après cette loi, le propriétaire d'un immeuble peut se présenter devant le conservateur des hypothèques et lui déclarer la valeur de ses biens. Le conservateur est garant de cette valeur ; s'il ne conteste pas cette déclaration faite, la loi accorde au propriétaire le droit de prendre hypothèque sur soi-même pour un temps déterminé, qui ne peut excéder dix ans, par la voie de cédules hypothécaires, jusqu'à concurrence des trois quarts du prix vénal des biens qu'il possède. La cédule hypothécaire est transmissible par la voie de l'endossement à ordre, et forme un titre exécutoire contre celui qui l'a souscrite au profit de celui à l'ordre duquel elle est passée. La mise à exécution de cette loi successivement retardée n'a jamais eu lieu en définitive.

Il n'est pas besoin de faire sentir tous ses inconvénients. L'esprit d'agiotage n'aurait-il pas succédé à l'esprit de conservation de la propriété? Les fortunes auraient été menacées d'un ébranlement général (1) !

C'est le propre des révolutions de donner dans les excès ! L'ancien droit n'avait pas assez songé au crédit public; à l'époque où nous sommes, on lui sacrifie tout. Mais la réflexion succède heureusement à l'enthousiasme; avec le calme de la réflexion reviennent les sages mesures. Le législateur de l'an vii, ramené dans le milieu où se tient la vérité, ne rêva pas un crédit foncier incompatible avec la nature de la propriété foncière; il comprit que la terre était un immeuble, et la traitant comme telle, il se contenta de lui demander de révéler les charges qui la grevaient. Il organisa sur des bases rationnelles et la publicité des transmissions de propriété immobilière et la publicité des hypothèques. On le sait, l'idée fondamentale de ce système était empruntée à la législation des pays de nantissement; seulement, la loi de l'an vii substituait le conservateur des hypothèques, institué par la loi de l'an iii dans chaque arrondissement, au greffier des justices féodales, remplacé déjà en 1790 par les greffiers des tribunaux de district.

Elle ne soumet à la publicité que les actes entre-vifs; en effet, elle parle du vendeur; les successions, les testaments, échappent donc à la publicité. Quels sont ces actes entre-vifs ? Les actes translatifs de biens et droits susceptibles d'hypothèques. Or, d'après l'article 8, sont seuls susceptibles d'hypothèques : 1° Les

____

(1) Déc. 9 messidor an III (27 juin 1795), art. 9, 16, 17, 19, 20, 21, 26. V. M. Laferrière, *Histoire des principes, des institutions et des lois pendant la Révolution française*, p. 395-397.

biens territoriaux et leurs accessoires inhérents; 2° l'u-
sufruit, ainsi que la jouissance à titre d'emphytéose
des mêmes biens pour le temps de leur durée. Le législateur de l'an vii n'allait pas assez loin, il oubliait que
les hautes raisons de sécurité, de confiance et d'activité
industrielle qui justifient la révélation des droits susceptibles d'hypothèques, réclament aussi en faveur des
tiers la publicité d'autres charges foncières, que l'examen le plus circonspect des titres de propriété ne dé-
couvre pas toujours. La loi de 1855 a comblé cette lacune.

La conséquence du défaut de transcription, c'est que
l'acte ne peut être opposé aux tiers. L'art. 26 est ainsi
conçu :.... « Jusque-là ils ne peuvent être opposés aux
» tiers qui auraient contracté avec le vendeur, et qui
» se seraient conformés aux dispositions de la pré-
» sente ». L'art. 28 ajoute : « La transcription, pres-
» crite par l'art. 26, transmet à l'acquéreur le droit
» que le vendeur avait à la propriété de l'immeuble,
» mais avec les dettes et hypothèques dont cet immeu-
» ble est grevé ».

Un point est à remarquer, c'est que la transmission
de la propriété et des autres droits s'opère entre les
parties par le seul consentement. Ce système est très-
nettement exposé dans le rapport fait au conseil des
Cinq-Cents par le représentant Crassous : « La mu-
» tation, en ce qui concerne le vendeur, *est parfaite*
» *par leur seul consentement mutuel* » ; mais d'autres
peuvent avoir intérêt à la connaître. La clandestinité
peut être aussi fatale à la bonne foi, aussi utile à la
fraude que celle des hypothèques. Les tiers peuvent
croire que celui qui possédait naguère *animo domini* ne
possède pas maintenant à titre purement précaire. Ils

peuvent prêter sur un gage qui n'existe plus, il importe à la société qu'on ne puisse les décevoir, etc.

§ V. — CODE NAPOLÉON; CODE DE PROCÉDURE.

I. Arrivons enfin au Code Napoléon. Et d'abord voyons ce qu'ils ont décidé relativement à la transmission de la propriété entre les parties contractantes. Dans ces discussions du Conseil d'État, si calmes et si sérieuses, où se rencontrent à la fois et des esprits attachés aux vieilles traditions et des esprits novateurs, une lutte s'engage et se termine par la victoire du droit philosophique. L'art. 711 pose le principe de la transmission en dehors de tout acte matériel par le seul effet du contrat; l'art. 1583 le répète au titre de la vente, et l'antique tradition n'est plus qu'un acte de délivrance! Le législateur de 1804 a arboré l'étendard du spiritualisme, il attache au consentement la force de déplacer la propriété. Cette règle, nous la trouvons reproduite quant aux donations dans l'art. 938; toutefois, ici la convention est assujettie à certaines formes, ce n'est donc qu'autant que le consentement aura été dûment manifesté que s'appliquera l'art. 938. Ce principe de la toute-puissance de la volonté pour créer les droits réels est d'abord contesté; les jurisconsultes imbus des anciennes traditions veulent, bon gré mal gré, les retrouver dans le Code. Trois articles leur servent d'argument; c'est par le payement, disent-ils, par la tradition de la chose due que s'opère l'aliénation (art. 1238). La propriété n'a donc pas été transférée par le seul consentement. Et l'art. 1303 est ainsi conçu :
« Alors que la chose est mise hors du commerce ou
» perdue sans la faute du débiteur, il est tenu, s'il a

» quelques droits ou actions en indemnité par rapport
» à cette chose, de les céder à son créancier ». Si le débiteur était dépouillé de la propriété par la promesse,
est-ce que les actions en indemnité n'appartiendraient
pas immédiatement au créancier? Ils opposent encore
l'art. 1807. Vains efforts pour nier la théorie inscrite
si nettement dans les art. 711, 1138 et 1583. Les articles 1238, 1303 sont les débris d'un système que les
rédacteurs ont voulu renverser; il fallut bientôt le reconnaître et battre en retraite (1). Tenons donc pour certain
que, sous l'empire du Code, la propriété se transmet
entre les parties par le seul consentement; toutefois,
cela n'est vrai que s'il s'agit d'un corps certain.

Ces premières assises posées, il fallait satisfaire aux
exigences du crédit public. Dans ce but, ne fallait-il
pas édicter des formalités de publicité qui permissent
aux tiers de discerner quel est le propriétaire véritable?
En d'autres termes, comment la transmission s'opére-
rait-elle vis-à-vis des membres du corps social étranger
au contrat? C'est là une question grave, et dont la solution a été l'objet des préoccupations de presque tous
les législateurs modernes. Ici la discussion du Conseil
d'État fut vive et solennelle. La loi de brumaire eut
d'illustres partisans; elle eut aussi des ennemis acharnés; la transcription fut admise sans conteste pour les
donations et pour toutes les dispositions entre-vifs ou
testamentaires établissant une substitution (art. 1069);
mais lorsqu'on voulut l'appliquer aux contrats, la ré-
sistance fut énergique, on ne put pas s'entendre. L'article 1140 ne constate qu'une étape de la discussion;
on doit le paraphraser ainsi : Nous n'entendons pas
préjuger la question de savoir si la propriété sera trans-

---

(1) Quant à l'art. 1807, v. l'expl. de M. Bravard. (*Dr. com.*, t. Ier.)

férée, même à l'égard des tiers, par le seul effet de la convention, et indépendamment de la transcription, elle sera réglée au titre de la vente et des hypothèques. — La question se représente au titre de la vente (art. 1583); elle n'est pas encore tranchée. On arrive enfin au titre des hypothèques; là il fallait tenir ses promesses, là il n'était plus possible de reculer. La section de législation du Conseil d'État proposa franchement la consécration du principe de la loi de brumaire; le projet contenait les dispositions suivantes : « Art. 01. Les actes translatifs de propriété qui n'ont pas été transcrits ne peuvent être opposés aux tiers qui auraient contracté avec le vendeur et qui se seraient conformés aux dispositions de la présente. — Art. 02. La simple transcription des titres translatifs de propriété sur le registre du conservateur ne purge pas les privilèges et hypothèques établis sur l'immeuble, il ne passe au nouveau propriétaire qu'avec les droits qui appartenaient au précédent, affecté des mêmes privilèges et hypothèques ». Lors de la discussion, ces dispositions furent vivement attaquées; elles le furent surtout par M. Tronchet. « Celui qui achète, disait-il, n'a pas besoin que la loi pourvoie d'une manière particulière à sa sûreté; il a les titres sous les yeux, il peut vérifier la possession du vendeur; et ce serait pour le dispenser de cet examen qu'on ne craindrait pas de compromettre la propriété d'un citoyen qui se repose avec sécurité sur un contrat légal! Cette disposition, à la vérité, n'est pas nouvelle; on l'a empruntée à la loi de brumaire an vii, mais elle n'y avait été placée, comme beaucoup d'autres, que pour l'intérêt du fisc ». A ces raisons, M. Treilhard opposa avec force que l'effet du système serait manqué si l'on n'était pas autorisé à regarder comme propriétaire celui qu'on trouve inscrit sous cette qualité. « Si cet individu, disait-il, a vendu son héritage et que néanmoins il l'engage comme s'il lui appartenait encore, point de doute qu'il ne se rende coupable de stellionat; mais sur qui les suites de cette faute doivent-elles retomber? Sera-ce sur un prêteur qui n'a pu s'éclairer que par l'inspection des registres hypothécaires? Non, sans doute; ce sera sur l'acqué-reur, qui était obligé de faire connaître son contrat, et qui, pour ne pas l'avoir publié, a jeté dans l'erreur celui que la loi renvoyait aux registres. Si le vendeur n'a pas la propriété de l'immeuble, la transcription du contrat ne la transfère pas à l'acheteur. » Le consul Cambacérès dit que la rédaction de l'article ne rend pas assez clair le sens que vient de lui donner M. Treilhard; le consul demande que la rédaction soit réformée, afin que l'article ne laisse aucun doute sur l'intention de la loi. L'art. 91 a disparu, depuis oncques on ne l'a revu ; puis, dans l'art. 92, devenu ainsi l'art. 91 et plus tard l'art. 2182 du Code Napoléon, à ces mots : « Il ne » passe au nouveau propriétaire qu'avec les droits qui » appartenaient au précédent », on substitua ceux-ci : « Le vendeur ne transmet à l'acquéreur que la pro-» priété et les droits qu'il avait lui-même sur la chose » vendue ».

Comment expliquer la disparition de l'article 91 ? A-t-il été retranché par suite du vote qui a eu lieu dans la séance du 10 ventôse, comme le dit M. Locré, ou bien y a-t-il eu malentendu, ou escamotage? Les adver-saires acharnés de la transcription seraient-ils les cou-pables? J'inclinerais, pour mon compte, vers ce dernier parti.

Ainsi donc, il est constant que, sous l'empire du Code

Napoléon, la vente des immeubles est parfaite et la propriété transférée même à l'égard des tiers par le seul consentement. Mais les partisans de la loi de brumaire ne se tinrent pas pour battus, ils se réfugièrent dans la lutte judiciaire et doctrinale. L'incertitude ne pouvant durer longtemps sur un point d'une si haute importance, la jurisprudence se prononça pour le rejet de la loi de brumaire, et sa doctrine rallia un nombre considérable de suffrages. Voici maintenant les conséquences pratiques : à partir de la vente, le vendeur ne peut plus aliéner ou démembrer le bien qui lui a appartenu; entre deux acheteurs, celui-là l'emporte dont le contrat a acquis, le premier, date certaine; enfin, les créanciers du vendeur ne peuvent point saisir l'immeuble, quoiqu'il soit en sa possession. A partir de la vente, en un mot, l'état du patrimoine de celui qui se dessaisit est fixé et arrêté.

On le comprend, le cercle des applications de la transcription fut restreint; toutefois, nous avons vu qu'elle avait été maintenue à l'égard des donations entre-vifs et des substitutions. Outre ces deux applications, on peut en citer encore trois autres : 1° la transcription conserve le privilège du vendeur (article 2108); 2° la prescription de l'hypothèque, lorsqu'elle suppose un titre, ne court qu'à partir de la transcription (art. 2108); 3° la transcription est l'un des préliminaires indispensables de la purge (article 2181).

II. Les transcriptions, étant devenues moins utiles, devinrent moins fréquentes. De là une diminution dans les revenus du Trésor. Le gouvernement s'en inquiéta, et, pour faire cesser cet état de choses, il créa en la personne des acquéreurs un intérêt considérable à transcrire. L'article 834 du Code de procédure (1) accorda aux créanciers qui n'auraient pas pris inscription avant l'aliénation le droit d'inscrire leurs titres jusqu'à la transcription et même dans la quinzaine qui suit cette transcription (2), mais il ne rétablit pas la transcription comme condition de la translation de la propriété à l'égard des tiers, et ne rendit ainsi à cette formalité qu'une partie de son importance.

DEUXIÈME PARTIE.

Le système du Code Napoléon, d'après lequel les transmissions à titre onéreux de propriété immobilière sont opposables aux tiers indépendamment de tout acte et de tout fait propre à en assurer la publicité, était incompatible avec les exigences pratiques du crédit foncier. D'ailleurs, en bonne législation, la publicité du droit de propriété doit s'allier à la publicité des hypothèques. Le législateur de l'an VII avait compris ce principe, le législateur de 1804 avait eu le tort de le méconnaître en ce qui concerne les transmissions à titre onéreux. Aussi les inconvénients que le système de la

(1) Les art. 834, 835 du C. de Proc. n'avaient trait qu'aux aliénations volontaires. La saisie immobilière continuant d'être régie par le système du C. Nap., les créanciers devaient être inscrits avant l'adjudication.

(2) Cette disposition n'atteignit qu'imparfaitement son but. Alors la loi du 28 avril 1816 rendit la transcription en quelque sorte obligatoire en réunissant le droit proportionnel de transcription au droit d'enregistrement. (Art. 52 , § 4.) Aujourd'hui encore le droit proportionnel de transcription est perçu par le receveur au moment de l'enregistrement.

clandestinité devait inévitablement entraîner ne tardè-
rent pas à se produire.

Un acheteur vérifiait avec soin les titres de son vendeur; les trouvant en règle, il purgeait et payait, il se
croyait propriétaire paisible; mais tout à coup un acheteur précédent qui avait fait enregistrer son contrat
dans un des milliers de bureaux qui se trouvent à
chaque chef-lieu de canton, réclamait l'immeuble et
obtenait qu'il lui fût adjugé. Par quel moyen le second
acheteur pouvait-il se prémunir contre l'erreur dans
laquelle il était tombé, puisque la mutation s'était opérée clandestinement (Nîmes, 1807; Angers, 1818;
Toulouse, 1821)? ou bien un individu vendait son
immeuble avec rétention d'usufruit; aux yeux des tiers
qui ne pouvaient connaître en aucune façon un pareil
arrangement et qui voyaient la possession se continuer
dans les mêmes mains, c'était bien lui le propriétaire,
mais bientôt, à la faveur de ce piége tendu à la bonne
foi publique, il vendait de nouveau le même immeuble,
le second acheteur n'hésitait pas à payer son prix. A
la mort du vendeur, l'usufruit se réunissant à la nue
propriété, le premier acheteur réclamait l'immeuble
comme sa propriété, et d'après les principes du Code
Napoléon, il obtenait gain de cause. (Cass., 1810.)
Les ventes sur expropriation forcée ne présentaient pas
plus de garanties, puisqu'aux termes de l'article 713 du
Code de procédure, l'adjudicataire n'acquiert pas plus
de droits que n'en avait le saisi, qui pouvait être
dépouillé par une vente restée secrète. Le prêteur le
plus vigilant pouvait se trouver surpris par une aliénation enregistrée la veille du prêt. A tous ces dangers
réels, il n'y avait d'autre remède que de donner de la
publicité aux contrats. Les autorités les plus considé-

rables désiraient depuis longtemps un retour à la loi de brumaire an vii, et par suite la réforme du régime hypothécaire.

Avant d'entreprendre cette réforme, le gouvernement prit, en 1844, le parti de consulter les cours et les facultés de droit du royaume. Vingt-sept cours sur vingt-huit, sept facultés de droit sur neuf, au nombre desquelles il faut compter aussi la faculté de Paris, se prononcèrent pour le rétablissement de la publicité du droit de propriété. C'est là certainement une grave présomption en faveur de la loi nouvelle, et la preuve qu'elle répond à un besoin social (1).

Après une suspension assez longue, le travail fut repris en 1849 et dans le cours des années 1850 et 1851 ; l'Assemblée législative s'occupa d'un projet de loi embrassant la refonte du titre des priviléges et des hypothèques. Ce projet, qui assujettissait à transcription les actes translatifs de propriété immobilière et d'autres droits sur des immeubles, parvint à la troisième lecture, mais par suite des événements politiques, le vote définitif en fut empêché. En 1853, le gouvernement présenta un projet dont l'objet principal était le rétablissement de la transcription; ce projet fut enfin voté le 17 janvier et converti en loi le 23 mars 1855 par sanction impériale.

APERÇU GÉNÉRAL SUR LA LOI DE 1855.

Le législateur de 1855 est parti de l'idée que l'existence du droit de propriété doit être manifestée au public par un signe positif et certain; il faut que la

(1) MM. Aubry et Rau. Ire partie du IIe vol. V. *Doc. relatifs au régime hypothécaire*, 3 vol. Bibl. Imp.

publicité donnée au droit de propriété soit la garantie et la sûreté de ceux qui contractent avec celui qui se prétend propriétaire. (Voy. le Rapport de M. Debelleyme.) Pour atteindre ce but, la loi nouvelle impose la condition de faire insérer ou mentionner dans le registre du conservateur des hypothèques tous les actes qui, par concession, renonciation ou autrement, enlèvent ses droits au propriétaire ou les modifient notablement. C'est le bureau des hypothèques qui vous donne la mesure du crédit que vous devez accorder à celui avec qui vous vous proposez d'entrer en relation d'affaires; en d'autres termes, il vous fournit le bilan de la propriété, toutefois dans de certaines limites, comme je le montrerai. Du reste, le principe salutaire et vraiment philosophique d'après lequel entre les parties la propriété est transférée *solo consensu*, est maintenu; l'article 1583 du Code Napoléon reprend désormais toute sa force.

Avant de terminer cet aperçu, il est un point important que je dois signaler. La transcription met seulement le propriétaire dans l'heureuse impuissance d'aliéner ou de démembrer la chose qu'il avait déjà aliénée ou démembrée, elle ne met pas à l'abri de toute atteinte les actes qu'elle se borne à faire connaître. L'acheteur qui s'est conformé à la loi peut n'avoir pas acquis du véritable propriétaire, son titre peut être nul pour défaut de formes, pour vices du consentement. S'il s'agit d'une donation, elle peut être sujette à rapport, à réduction, à révocation. En conséquence, c'est aux tiers à se livrer à des investigations scrupuleuses, à vérifier les titres de celui avec lequel ils contractent.

LÉGISLATIONS ÉTRANGÈRES.

Grande et belle étude que celle des législations comparées, bien digne des méditations des législateurs et des jurisconsultes ! Les recueillir, les rapprocher, les juger les unes par les autres; découvrir les vices, les lacunes et aussi les bienfaits de chacune, c'est là une tâche que doit s'imposer celui qui s'est adonné à la science du droit. Sortons de notre pays, jetons un coup d'œil sur les législations qui régissent d'autres contrées, et nous serons convaincus de cette vérité qu'il y a parenté, alliance entre les nations dans leurs systèmes contemporains en matière de transmission de propriété; une idée prédomine, c'est l'idée de la publicité. Cette publicité se nuance et se diversifie par le caractère, les mœurs, les habitudes et l'état du sol de chaque peuple.

Je me bornerai à une analyse très-rapide de plusieurs législations étrangères. Parlons d'abord du système adopté en général en Allemagne, qui jouit d'une grande faveur auprès de certains jurisconsultes et de certains économistes.

Je ne puis mieux débuter qu'en citant un des plus grands jurisconsultes allemands, M. Mittermaïer, professeur à l'université d'Heidelberg : « La transmission » de la propriété foncière est une affaire qui intéresse » la commune, et par suite, un droit sur une propriété » foncière ne peut être acquis que par l'emploi de for » mes solennelles et sous l'autorité de la commune (1). » Les lois hypothécaires allemandes ont une base com-

___

(1) *Deutsches Privatrecht*, §§ 160, 161.

On peut consulter sur le droit commun allemand l'ouvrage de M. Walter : *System des gemeinen deutschen Privatrechts.* Bonn. 1855.

mune, la publicité du droit de propriété. La propriété foncière ne s'acquiert et ne se conserve que par l'inscription ou *intabulation* sur un registre (Grund-buch). Ce *Grund-buch* est un livre foncier ou terrier dans lequel chaque parcelle d'immeuble a un compte ouvert; l'inscription sur ce livre est tout à la fois la condition d'un droit réel à l'égard des tiers et la confirmation publique et officielle de l'acquisition de ce droit. Celui qui est inscrit comme propriétaire peut être considéré comme légalement investi de la propriété, tout acte de disposition émané de lui est valable, au moins au regard des tiers de bonne foi, de sorte qu'on a pu dire : Inscription vaut titre. Mais on soumet à une vérification scrupuleuse la validité des titres, où le mérite des déclarations en vertu desquelles l'inscription est requise. Nulle acquisition de droits réels ne peut être inscrite sur le registre foncier, si elle n'a été vérifiée et confirmée par l'autorité compétente, responsable de la vérité des énonciations portées au registre. Cette autorité n'exerce qu'une juridiction gracieuse, et en cas de contestation on renvoie les parties devant les tribunaux ordinaires. En Bavière et en Prusse, les registres fonciers sont tenus par les tribunaux; dans le Wurtemberg et dans plusieurs autres pays, par les conseils de la commune (1). Je cite quelques dispositions du Code général de l'Autriche (§ 431) : Il faut avant tout que celui qui transfère la propriété à un autre soit déjà inscrit lui-même comme propriétaire. (§ 440.) Lorsque le propriétaire a cédé le même

____

(1) La loi polonaise du 26 juillet 1818, complétée par la loi du 6 août 1828, prescrit que *tous actes entre-vifs* qui ont pour objet de transférer la propriété des immeubles doivent être passés au bureau des hypothèques de l'arrondissement où les immeubles sont situés.

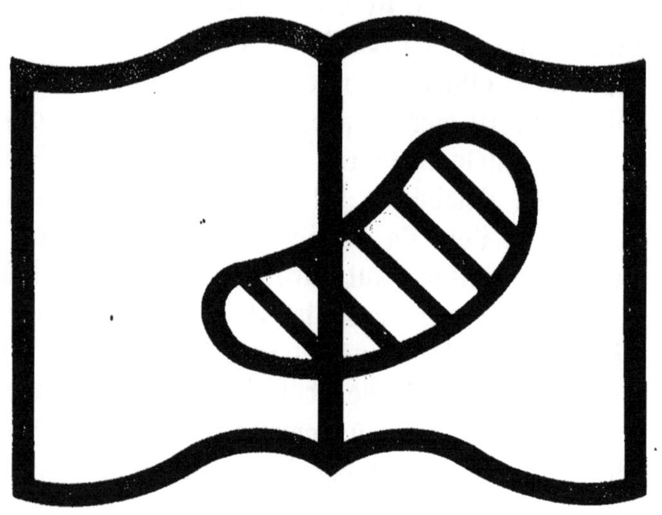

immeuble à deux personnes, la propriété est attribuée à celui qui a le premier requis l'intabulation. (§ 441.) Aussitôt que l'acte translatif de propriété est inscrit sur le registre public, le nouveau propriétaire entre en possession. (§ 444.) La propriété des immeubles ne cesse que par la radiation sur des registres publics.

Ajoutons que les lois allemandes proscrivent en général les actes sous seing privé. Ainsi, d'après le Code prussien, l'inscription n'a lieu que sur la production d'un titre authentique. (Voy. grand-duché de Hesse, 62; grand-duché de Saxe, 143; Saxe-Weimar, 216; Nassau, art. 1.) Il est une foule de circonstances où il n'existe pas de droits définitivement acquis, mais de simples expectatives ou des prétentions non encore vérifiées. Aussi on a imaginé le système de l'inscription provisoire ou de la *prénotation*. Que si le droit de celui qui a fait la prénotation est déclaré légitime, il est tenu de respecter tous les droits réels acquis avant la prénotation (1).

Si nous restions dans les régions sereines de la théorie, le système allemand pourrait nous séduire. En effet, ne donne-t-il pas aux tiers la plus complète sécurité? Celui qui est inscrit sur le registre terrier n'est-il pas légalement propriétaire à leur égard? Chez nous, au contraire, suis-je certain d'avoir traité avec le pro-

---

(1) A Hambourg, toute mutation ou aliénation d'immeubles doit être inscrite au livre foncier de la ville, *Stadtbuch*. L'inscription doit être précédée de la saisine, Verlassung; la saisine doit être suivie, dans les six mois, de l'inscription; l'inscription est translative de propriété, elle constitue le mode unique de translation de propriété. Aucune éviction n'est possible contre le titre résultant de l'inscription. Cette règle n'admet qu'une seule exception : l'inscription prise au nom d'un absent peut être attaquée par lui dans le délai d'an et jour.

priétaire, et avec celui qui est capable d'aliéner? Non, certainement; on le sait, la transcription n'a pas d'effet sanatoire; dès lors de bons esprits sont d'avis d'importer en France le système suivi en Allemagne. Je suis pour les importations, mais il faut qu'elles puissent produire des effets salutaires; descendons dans le monde des faits : en Allemagne, en certains pays du moins, je comprends les formalités que je n'ai fait qu'esquisser. Là où les propriétés sont peu morcelées, les mutations peu fréquentes, qu'une autorité soit chargée de vérifier le droit de chacun, et que l'inscription constitue légalement le droit de propriété, tout cela, en théorie comme en pratique, peut être excellent. Mais en France ce système ne pourrait être appliqué, à raison du morcellement excessif de la propriété et de la fréquence des mutations. Aussi, en des pays voisins de la France, où le sol est plus morcelé, on n'a pas adopté ce formalisme et édicté ces complications.

La Prusse n'a pas étendu aux provinces rhénanes un système incompatible avec l'état de propriété qui y est divisée et libre. Même pour la vieille Prusse, où le système se justifie par la grandeur et la fixité des domaines, diverses ordonnances ont apporté une exception à la loi de 1783; l'inscription sur les registres est purement facultative, parce qu'on a pensé qu'elle serait trop ruineuse pour les petites propriétés. De même la Bavière a excepté expressément le cercle du Rhin de la loi hypothécaire. Quelle lenteur, quelle gêne apporterait dans les transactions cette nécessité de faire vérifier et confirmer son droit de propriété! Quels frais pour la petite propriété! les fonctionnaires qui tiennent les registres hypothécaires ne peuvent-ils pas se tromper? *Errare humanum est.* Ne tranche-t-on pas

avec trop de rapidité les questions de toutes les plus
délicates, les plus ardues, les questions de propriété?
Et ne verrait-on pas les déchéances trop souvent
encourues, les usurpations trop souvent consommées?
Ajoutez qu'il faudrait instituer une magistrature hypothécaire responsable; or nos conservateurs d'hypothèques ne sont et ne doivent être que de simples pré-
posés dont la mission est de constater sur les registres
les actes de mutations qui leur sont remis.

En pratique d'ailleurs, il ne faut pas se le dissimu-
ler, en France, nous n'aimons guère les formalités.
L'esprit français, vif, alerte, impatient de tout, abré-
geant tout, ne comprend pas toujours leur utilité; et
je crois qu'aujourd'hui, en fait, plus d'une personne
voudrait se débarrasser de notre transcription, à tort
suivant moi; à plus forte raison nous ne goûterions pas
une législation qui reproduirait fidèlement la législation allemande, relativement à la transmission de la
propriété.

En Suisse, dans le canton du Valais, l'aliénation d'un
immeuble par acte entre-vifs ne produit d'effet par rapport aux tiers que par la transcription. (Art. 1039.) La
transcription a lieu sur l'exhibition d'un acte authentique ou sous seing privé, constatant l'aliénation. (Article 1042. — Voy. aussi, pour le canton de Genève, la
loi du 28 juin 1820, sur la publicité des divers droits
immobiliers, et la loi du 28 juin 1830, sur les effets de
la transcription et sur la nature des actes à admettre à
cette formalité.)

En Suède, tout acte de vente de propriété rurale
doit être présenté devant le juge du district de la situation de l'immeuble : le contrat est lu à trois audiences
publiques. Si personne n'attaque la vente dans l'an de

cette proclamation, le juge délivre un brevet de ratification de la vente; quant à l'acte de vente d'une propriété urbaine, il est lu publiquement, trois fois, à un
mois d'intervalle, à l'hôtel de ville. Le conseil de
ville confirme la vente, si douze semaines se sont écou-
lées depuis la troisième lecture, sans que personne
ait réclamé. Si la même propriété a été vendue plusieurs fois, la première vente est seule valable. En
Danemark, la transcription de l'acte de mutation est
précédée de la publication de l'acte devant le tribunal,
la transcription est suivie de la délivrance de l'immeuble, qui s'opère par la tradition d'un document authentique servant de titre de propriété; le titre, pour être
opposé aux tiers, doit être lu en justice; cette lecture
les prévient que le vendeur ne peut plus aliéner ni
hypothéquer. (Bergson, *Revue critique*, t. XII, p. 163.)

La Belgique nous a devancés dans la réforme hypothécaire; la loi du 16 décembre 1851, en même temps
qu'elle abroge les dispositions du titre des priviléges
et des hypothèques, introduit diverses modifications
importantes dans divers autres titres du Code civil. Le
titre préliminaire, relatif à la transmission des droits
réels, présente des dispositions analogues à celles de
notre loi du 23 mars 1855. (Voy. art. 1 de la loi belge.
Comment. de cette loi, par M. Martou.)

Le législateur grec a adopté le plan de notre loi du
23 mars 1855, en la loi du 29 octobre 1836. (Art. 1, 2.)
L'article 4 est remarquable : « La transcription seule,
» faite suivant les prescriptions de la présente loi,
» opère dans les cas prévus par l'article 1er le transfert
» de la propriété immobilière et de ses démembre-
» ments, et cela sans le secours de la tradition. »
D'après la loi française, la transcription n'est néces-

saire qu'à l'égard des tiers; entre les parties contractantes, l'acte, quoique non transcrit, a toute sa valeur;
de sorte que notre législation reconnaît que la propriété est un droit *personnel* et non absolu. Ce système
n'a pas paru raisonnable au législateur grec, et voici
comment s'est exprimé à cet égard M. le ministre de
la justice dans l'exposé du projet de loi : « En France,
a-t-il dit, la propriété se transmet par la convention
même, la transcription du titre n'est exigée que pour
les tiers, c'est-à-dire que l'acheteur devient propriétaire par la convention, mais à l'égard du vendeur
seul; le droit de propriété ne peut être opposé à tout
le monde que par la transcription. Or le système ne
paraît pas conséquent; la propriété est un droit absolu,
dont la nature consiste en ce qu'il écarte tout le monde;
donc la propriété qui, en France, n'a de force, depuis
la convention jusqu'à la transcription, qu'entre deux
personnes, est appelée mensongèrement propriété. »
En Grèce, quand la transcription n'a pas eu lieu,
l'acheteur n'a qu'un droit de créance contre son vendeur. *Sans le secours de la tradition :* Avant la loi de
1856, la tradition était nécessaire pour transférer la
propriété. La loi du 20 octobre a attribué à la transcription l'effet de la tradition.

En Amérique, aux États-Unis, on a adopté un
système simple, pratique. Le contrat rédigé dans les
formes les plus brèves, attesté par deux témoins,
reconnu devant un magistrat, est enregistré dans un
livre public. Cette reconnaissance, cet enregistrement
effectuent la transmission de la propriété (1). A New-
York, tout acte translatif de propriété d'un immeuble

---

(1) *Histoire politique des États-Unis*, par M. Laboulaye.

doit être transcrit au bureau public tenu à cet effet dans le pays où l'immeuble est situé; à défaut de cette transcription, l'acte est nul à l'égard des tiers de bonne foi. Au grand avantage de l'Amérique, les frais de vente y sont peu considérables, tandis que nous entourons la transmission de propriété de droits coûteux qui gênent singulièrement la libre circulation de la propriété foncière. L'Amérique a aussi la publicité des hypothèques.

En somme, on le voit, les législations que nous avons esquissées à grands traits, malgré des diversités, sont frappées au même coin; elles partent d'un même principe et tendent à amener un résultat analogue. Le principe est celui de la publicité; le résultat, c'est la sécurité des membres du corps social étrangers au contrat.

C'est ici le lieu de parler brièvement du système anglais. Il forme contraste avec les systèmes que nous avons étudiés, et je dois le dire, n'en déplaise aux admirateurs des institutions et des lois anglaises, ici la palme est à nous. Suivant la loi commune, *common law*, les immeubles doivent être transmis par un contrat ou acte, *deed*. Pour être valable, le contrat doit être fait par des personnes ayant la capacité légale de contracter; il doit être lu, signé et scellé par chacune des parties, et remis par le vendeur ou donateur à l'acheteur ou donataire en présence de témoins. L'acte suffit pour prouver la vente, la loi ne prescrit ni formalités légales ni enregistrement pour les transmissions de biens. (De Franqueville, *Institutions politiques, judiciaires et administratives de l'Angleterre*, 1803.) Ce système renferme un vice palpable, le défaut de notoriété suffisante, il n'a pas été pris de mesures suffi-

santes contre les charges dont les propriétés sont
frauduleusement grevées. La loi anglaise n'aime pas
la publicité de la propriété. Elle l'a repoussée dans
un intérêt aristocratique. En 1833, la Chambre des
communes a rejeté, à la majorité de 161 voix contre
48, un bill de lord Brougham, pour l'enregistrement
des actes relatifs aux propriétés immobilières, et pour
la publicité des hypothèques. L'Angleterre est un pays
de liberté, mais non d'égalité; elle a conservé plus
qu'aucun autre l'empreinte féodale; elle a une aristocratie puissante, qui est en possession de vastes domaines. La loi n'a pas voulu ébranler le crédit de cette
aristocratie en révélant le fâcheux état de ses affaires.

TRANSMISSION A TITRE ONÉREUX.

(LOI DU 23 MARS 1855.)

CHAPITRE PREMIER.

DANS QUELS CAS EST EXIGÉE LA TRANSCRIPTION.

Ce point est réglé par les art. 1er et 2 de la loi
de 1855. La transcription est exigée pour certains actes
et pour certains jugements. La matière se divise donc
naturellement en deux sections, l'une relative aux actes,
l'autre relative aux jugements.

SECTION PREMIÈRE.

§ 1er.

La formule exacte est celle-ci : Est assujetti à publicité tout acte entre-vifs, à titre onéreux, translatif

de propriété immobilière (1). Tout d'abord, il faut remarquer que les actes entre-vifs sont seuls soumis à transcription ; les successions légitimes et testamentaires en sont dispensées. Toutefois, cette décision, en ce qui concerne les successions testamentaires, n'a pas été admise sans difficulté. Les uns pensaient que, si l'héritage *ab intestat* devait échapper à la nécessité de la transcription, parce que l'héritier continue la personne du défunt, et parce que son droit s'établit publiquement en vertu de la loi et des actes de l'état civil, il n'en était pas de même de l'héritage testamentaire. Si les testaments restent occultes, disait-on, rien ne révèle au public le droit du légataire, les tiers pourront être trompés par une vente que leur consentira l'héritier légitime, propriétaire apparent que la loi institue publiquement, et que le testament déshérite en secret. La revendication des légataires viendra ainsi dépouiller des acquéreurs de bonne foi. D'autres répondaient que le droit sacré du légataire ne peut dépendre de l'accomplissement d'une formalité qu'il lui sera très-souvent impossible de remplir. Il n'est pas partie au testament, comme l'acheteur à la vente, et l'héritier du sang se gardera plus d'une fois de mettre entre les mains du légataire la preuve de son droit. Enfin, dans le système contraire, il faudrait un délai pour transcrire. A partir de quel moment le fera-t-on courir ? Serait-ce à partir du décès ou à partir de la connaissance acquise du testament ? Ces difficultés firent rejeter définitivement la transcription des dispositions testamentaires.

Deux points doivent être maintenant examinés :

____

(1) Bien que les mots *à titre onéreux* ne figurent pas dans le n° 1 de l'art. 1er, je crois devoir les ajouter, à raison de la disposition de l'art. 11.

1° que faut-il entendre par propriété immobilière ?
2° quels sont les actes translatifs de propriété immobilière ?

Par ces mots propriété immobilière, on doit entendre
1° la propriété ordinaire du sol, soit qu'elle comporte
la propriété du dessus ou du dessous, soit qu'elle com-
prenne seulement celle du dessous, comme en l'art. 553,
ou seulement celle du dessus, comme en l'art. 554 du
Code Napoléon; 2° la propriété superficiaire résultant
d'un bail à domaine congéable, c'est-à-dire la propriété
des édifices construits par le preneur sur l'immeuble
par lui détenu à ce titre. (Lois du 6 août 1791, et du
9 brumaire an VII.) Quant à la propriété des matériaux
d'une maison achetée pour être démolie, d'une récolte
de fruits pendants par branches et par racines, ou d'une
coupe de bois quelconque, ou de matières minérales
non encore extraites, mais destinées à l'être, elle est
mobilière, parce que l'objet du droit est mobilier. La
loi du 5 juin 1851 a fait une application de cette idée en
son art. 1er; les ventes publiques, volontaires, à terme
ou au comptant, de fruits et de récoltes pendants par
racines, rentrent non plus seulement dans les attribu-
tions des notaires, mais encore dans celles des commis-
saires-priseurs, huissiers et greffiers de la justice de
paix. Ces ventes sont donc mobilières, et en cette qualité elles échappent à notre loi; 3° les mines concédées
même au propriétaire de la surface, en vertu de la loi du
21 avril 1810; elles forment une propriété particulière
et distincte de celle de la surface, susceptible d'hypothèque (8, 19, 21); 4° les actions de la Banque de France,
des canaux d'Orléans et du Loing, immobilisées en vertu
des décrets du 16 janvier 1808 et du 16 mars 1810.
La formalité de la transcription doit être remplie à Paris.

Les biens immeubles que je viens d'énumérer sont ceux que la loi appelle immeubles par nature ou ceux qu'elle leur assimile en vertu de certaines dispositions.

Quant aux immeubles par destination, ils perdraient leur nature immobilière, dès qu'ils seraient séparés de l'immeuble dont ils font partie, et l'aliénation qui en serait faite séparément porterait sur un meuble, et non sur un immeuble.

Il me reste à parler des immeubles par l'objet auquel ils s'appliquent, et au point de vue de mon sujet, se présentent les actions qui tendent à revendiquer un immeuble. Je ne puis, quant à moi, concevoir des actions indépendamment du droit qu'elles ont pour objet de faire reconnaître. D'où il résulte que les cessions d'actions sont assujetties à transcription, lorsqu'elles portent sur un droit de propriété immobilière. Telles seraient d'abord les cessions d'action en revendication, d'action en nullité, en rescision; c'est qu'en effet celui qui possède une action pour recouvrer un immeuble est réputé posséder l'immeuble lui-même : *is, qui actionem habet ad rem recuperandam, ipsam rem habere videtur.* Telle serait aussi la cession d'une action en réméré; n'est-elle pas véritablement translative de propriété immobilière? Toutefois, ce point est contesté, et MM. Aubry et Rau s'expriment ainsi (1) : « Le ven-
» deur avec faculté de rachat se dépouille, malgré la
» réserve de cette faculté, de tout droit de propriété et
» ne conserve qu'un simple *jus ad rem.* La cession
» d'une faculté de rachat, stipulée dans une vente d'im-
» meuble, ne constitue donc pas le transport d'un droit
» de propriété immobilière. » Je ne crois pas qu'il soit

____

(1) 1re partie du t. II.

exact de dire que le vendeur à pacte de rachat n'est pas propriétaire. Il est propriétaire sous condition suspensive, car l'acheteur ne devient propriétaire que sous l'éventualité de la résolution de son titre; il est de principe que toute condition suspensive qui affecte un droit réel implique une condition résolutoire, et réciproquement, que la condition résolutoire renferme une condition suspensive. En conséquence, lorsque le vendeur à réméré cède son droit, il cède une propriété affectée d'une condition suspensive (1).

On s'est demandé si la cession que ferait un cohéritier de ses droits successifs dans une succession qui comprend des immeubles doit être transcrite. L'affirmative me paraît très-fondée; l'héritier vendeur, par l'effet rétroactif du partage, sera considéré comme propriétaire des immeubles, du jour même de l'ouverture de la succession, et l'acheteur, de son côté, du jour de la cession; il y aura donc eu une transmission d'immeuble tombant sous l'application de l'article 1er de la loi nouvelle.

Occupons-nous maintenant des actes translatifs.

I. Au premier rang se présente la vente. Dans le cas où elle est pure et simple, aucune difficulté, mais elle est susceptible de diverses modalités. D'abord, elle peut être faite sous condition suspensive. Devra-t-elle être transcrite? L'affirmative est soutenue par tous les auteurs. Il est vrai que la propriété n'est pas encore transférée, qu'elle ne le sera qu'au jour de l'arrivée de la condition, mais la condition arrivant aura un effet rétroactif, l'acheteur sera réputé avoir été propriétaire du

____

(1) La preuve que le vendeur, dans l'espèce, n'a pas une simple créance ressort jusqu'à l'évidence des art. 1664 et 1673.

jour même du contrat; en conséquence tous les droits consentis par le vendeur *pendente conditione* seront anéantis. Dès lors il faut avertir les tiers, qui seraient tentés de contracter avec le vendeur, que sa propriété n'est pas incommutable; la publicité originaire de l'acte translatif sera leur bienfaisante sauvegarde. Ajoutez que l'art. 1180 du Code Napoléon autorise l'acquéreur à exercer avant que la condition soit accomplie tous les actes conservatoires de son droit : or la transcription est apparemment un acte conservatoire.

Que décider quant à la vente sous condition résolutoire? Sans difficulté elle doit être publiée. On peut donner pour exemple la vente à réméré; toutefois, lorsque la condition résolutoire s'accomplira, aucune transcription nouvelle ne sera nécessaire. La loi aurait dû exiger, ce me semble, qu'au cas où la vente est résolue par l'exercice du réméré, il en fût fait mention en marge de la transcription; cette mention est prescrite dans le cas où le réméré a été exercé et admis en justice, pourquoi en est-il autrement lorsqu'il est exercé à l'amiable? Pourquoi le laisser ignorer aux tiers si intéressés pourtant à le connaître? Pourquoi tendre ici un piége à la bonne foi publique?

La vente alternative doit être transcrite immédiatement, avant toute option, et peu importe que l'option appartienne au vendeur ou à l'acheteur. J'assujettirai également à la publicité les promesses synallagmatiques de vente, c'est-à-dire celles qui ont été acceptées avec promesse réciproque d'acheter, et en effet, aux termes de l'article 1589 du Code Napoléon, la promesse de vente vaut vente, elle est donc, comme la vente, translative de propriété *ab initio;* telle est du moins l'opinion enseignée par mon savant maître M. Bugnet,

« Autrefois, dit-il, en une foule d'actes, au lieu des expressions *vendent* et *achètent*, on trouvait celles-ci : les parties *promettent* et *s'engagent*; et par là elles entendaient conclure immédiatement un contrat de vente; le Code n'a fait que traduire des expressions fort usitées en l'ancien droit; aujourd'hui nous dirons donc aux juges : Quand vous trouverez dans un acte de vente les mots, je *promets vendre*, je *promets acheter*, interprétez-les dans leur sens pratique, considérez-les comme synonymes de ceux-ci : je *vends*, j'*achète*. Dans un autre système, on soutient que la promesse de vente ne déplace pas immédiatement la propriété; en conséquence ce sera l'acte de vente intervenu en exécution de la promesse, ou le jugement qui en tiendra lieu, qui devra être transcrit. Quant à la promesse unilatérale de vente, c'est-à-dire non accompagnée de la promesse réciproque d'acheter, elle ne doit être publiée qu'à partir du moment où celui au profit duquel la promesse a été faite a déclaré vouloir acheter.

J'arrive à l'hypothèse d'une vente annulable pour cause d'incapacité, dol, violence ou erreur; et je prétends qu'elle doit être soumise à transcription; c'est qu'en effet, pour être infectée d'un vice, elle n'en est pas moins translative de propriété, elle existe tant qu'elle n'est pas annulée, elle produit ses effets, et même devient parfaitement valable si elle n'est pas attaquée dans un certain délai. Vainement l'on objecterait que, jusqu'à ce que la ratification soit intervenue, la transcription n'est pas d'une grande utilité pour l'acheteur, qu'en effet le vendeur ratifiera ou ne ratifiera pas, que s'il ne ratifie pas, la transcription sera sans objet, et, s'il ratifie, ce ne peut être que sauf les droits des tiers. (Art. 1388.) Voici ma réponse : Aujourd'hui, d'après la loi nouvelle, le vendeur demeure propriétaire au regard des tiers tant que le contrat de vente n'a pas été porté à leur connaissance; or supposons que Paul, mineur, ait vendu son domaine à Primus qui révèle son titre; puis, devenu majeur, il revend le même immeuble à Secundus qui ne transcrit pas. Enfin il ratifie la première vente. Secundus, lui, soutient qu'il est un tiers et que la ratification ne peut préjudicier à ses droits. Mais si la ratification fait évanouir ses droits, cela est juste et conforme au droit; effectivement, n'a-t-il pas été imprudent en achetant une chose déjà vendue par Paul à Primus, la transcription du titre de Primus ne l'a-t-elle pas édifié sur la position de son vendeur, et ne devait-il pas savoir que celui-ci pouvait ratifier la première vente? *Minor non prohibetur bonam fidem agnoscere.* Cela posé, Primus, le premier acheteur, qui s'est conformé à la loi de publicité, peut invoquer son droit à l'encontre de Secundus qui n'a pas transcrit son contrat; je pense du reste que l'acte de ratification ne devra pas être transcrit, car il n'est pas translatif de propriété, partant ne rentre pas dans les termes de l'art. 1er.

On s'est demandé, à propos d'une vente dans laquelle l'une des parties serait représentée par un mandataire, si la transcription de la procuration serait nécessaire. La négative paraît certaine, la loi n'exige que celle du contrat de vente (1).

Je ne puis passer sous silence la vente dans laquelle a figuré un tiers qui s'est porté fort pour l'une des parties sans en avoir reçu le mandat. 1° Le tiers s'est

____

(1) La question s'est présentée sous la loi de brumaire an VII; elle fut résolue dans notre sens sur les conclusions conformes de Merlin. La loi, disait Merlin, n'exige que la transcription du contrat.

porté fort pour le vendeur; il faut distinguer : si le tiers a seulement promis d'obtenir le consentement de celui pour lequel il s'est porté fort, *effecturum se ut Titius daret*, il est clair qu'il n'y a aucune vente, pas même une vente conditionnelle; si le tiers au contraire a agi en qualité de gérant d'affaires, de deux choses l'une : ou l'affaire a été gérée utilement, ou elle ne l'a pas été. Dans la première hypothèse on devra transcrire immédiatement, car, aux termes de l'article 1375, le maître dont l'affaire a été gérée utilement doit remplir les engagements que le gérant a contractés en son nom, en conséquence il est obligé, et la vente est parfaite *ab initio*. Dans la deuxième hypothèse au contraire le maître n'est même pas obligé conditionnellement par le fait du *negotiorum gestor;* donc aucune mutation n'a eu lieu, même conditionnelle, donc une transcription est inutile. Remarquez qu'elle n'aura d'effet qu'à partir de la ratification, jusque-là le maître conserve d'une manière absolue son droit de propriété. D'où il résulte que l'acte de vente et l'acte de ratification doivent être publiés l'un et l'autre.

2° Le *negotiorum gestor* a agi au nom de l'acheteur. Ici la vente, bien que ne pouvant devenir définitive au regard de l'acheteur que par son acceptation, n'en dépouille pas moins *hic et nunc* le vendeur de la faculté d'aliéner ou de démembrer l'objet vendu au préjudice de ce dernier ; de là cette conséquence : l'acheteur devra révéler son titre, afin de se garantir contre les droits que le vendeur pourrait consentir sur l'immeuble dès avant la ratification.

Enfin je ne soumettrai à transcription ni le retrait successoral, ni le retrait litigieux, ni le retrait d'indivision. En effet, le retrait n'est pas une nouvelle vente, il y a seulement substitution d'une personne à une autre; le retrayant prend la place du retrayé; en un mot, relativement au cessionnaire et à ses ayants cause, le résultat est le même que si la vente était résolue. M. Troplong pense au contraire que le retrait doit être transcrit. « N'est-il pas clair, dit-il, que l'acte » transcrit n'est pas complet, si on ne désigne au public » que l'acheteur éliminé au lieu de l'acheteur définitif ? » Dès lors ne faut-il pas que le registre des transcrip-» tions reproduise les deux opérations successives? » Sans nul doute, il serait à souhaiter que le retrait fût publié, afin que les tiers se missent en garde contre le retrayé qu'ils croient toujours propriétaire, mais la loi de 1855 n'exige pas la transcription des actes de réso-lution. On le sait déjà, le retour de la propriété par l'effet du réméré en la personne du vendeur ne se pro-duit-il pas envers et contre tous, indépendamment de toute publicité? au contraire, lorsque la résolution est prononcée par jugement, aux termes de l'art. 4, l'avoué qui a obtenu ce jugement doit la mentionner en marge de la transcription de l'acte résolu. D'où résulte une anomalie dans la loi. La résolution s'opère-t-elle à l'amiable, clandestinité; est-elle prononcée par juge-ment, publicité. Il y a ici la preuve que les registres de transcription ne contiennent pas tout ce qu'il est utile de connaître. C'est aux tiers à se procurer par une autre voie les renseignements qui leur manquent, *curiosi esse debent!* Pour mon compte, je ne comprends guère pourquoi, lorsque le législateur donne des registres à la propriété, il permet que ces registres ne soient qu'un miroir infidèle de l'état de la propriété. Adoptez le système de la publicité, mais pour être logique, adoptez-le franchement, complétement.

II. L'échange est un acte translatif de propriété, celui-là donc qui acquiert par voie d'échange doit transcrire.

III. La dation en payement a de grandes analogies avec la vente; elle est au premier chef un acte entre-vifs translatif de propriété; ainsi donc, on publiera les ventes passées par l'un des époux au profit de l'autre dans les cas prévus par l'art. 1595.

IV. Les contrats de mariage peuvent aussi renfermer des conventions translatives de propriété immobilière.

Remploi. — Le propre d'une femme mariée a été vendu, le mari, chef de la communauté, en a touché le prix, avec ce prix il a acquis en son nom personnel à sa femme un immeuble destiné à lui tenir lieu du propre aliéné; au reste, il s'est conformé aux exigences de l'art. 1435. Ne peut-on pas dire, lorsque celle-ci acceptera plus tard le remploi, qu'il s'est opéré deux mutations successives, l'une du vendeur au mari, l'autre du mari à la femme ? Au point de vue de notre sujet, voici la conséquence pratique : la transcription du contrat d'acquisition n'est pas suffisante, il faut encore faire transcrire l'acceptation faite par la femme. Ce système part de l'idée que l'opération du remploi pour la femme a le caractère d'une vente ou d'une dation en payement. Si le mari, dit-on, peut, en vertu de l'art. 1595-2°, payer la dette dont la communauté est tenue envers la femme avec un de ses immeubles propres, à fortiori peut-il faire cela en cédant à celle-ci un immeuble de la communauté ? L'offre du mari peut être modifiée ou rétractée, la femme ne devient propriétaire qu'à partir de son adhésion manifestée, elle doit respecter les droits consentis dans l'intervalle entre la vente et l'acceptation. Dans un autre système, au contraire, qui a rallié un nombre considérable de suffrages, i'acceptation de la femme rétroagit au jour même de l'acte d'acquisition, la femme est censée avoir succédé immédiatement au vendeur même de l'immeuble, dès lors l'aliénation qu'en aurait faite le mari sera non avenue, et les hypothèques, servitudes disparaîtront; dès lors une seule transcription suffira, puisqu'il y a eu une seule mutation; il sera inutile de publier l'acte d'acceptation. Comment justifier, sans cet effet rétroactif, la nécessité d'une déclaration de remploi à faire en l'acte d'acquisition? Cette déclaration a pour but d'avertir, et elle avertit effectivement les tiers que le mari est propriétaire, mais sous condition résolutoire. Celui qui entrera en relation d'affaires avec lui n'aura, s'il est prudent, qu'à se faire délivrer un état de la transcription de l'acte de vente; la mention qui y est insérée, que l'immeuble est destiné à servir de remploi, sera pour lui un avertissement (1).

Voici ce que Pothier a écrit (*Traité de la communauté*, n° 200): « Si la femme ratifie et consent cette » déclaration, les ratifications ayant un effet rétroactif » suivant la règle de droit : *ratihabitio mandato æqui-* » *paratur*, l'héritage sera censé avoir été, dès l'instant » de son acquisition, acquis pour tenir lieu du remploi » de sa femme, et avoir toujours été en conséquence » propre de la communauté de la femme par subroga- » tion. » D'Aguesseau pensait également que « cette » ratification a un effet rétroactif au temps de l'acte. » S'il en est ainsi par rapport à celui qui gère seule- » ment les affaires d'autrui, à plus forte raison à l'égard

______

(1) *Dissertation sur les effets de la ratification des actes d'un gérant d'affaires*, par M. Labbé.

» du mari qui est censé le procureur de sa femme. »
(27° plaidoyer.)

Prélèvements. — Aux termes de l'art. 1470, chacun
des époux, ou son héritier, a le droit de prélever sur
les biens de communauté, avant tout partage, des immeubles pour le montant de ses reprises. Ces prélèvements opèrent-ils une mutation de propriété ? La
solution de la question dépend de celle à donner à une
question très-importante, celle de savoir à quel titre
s'exercent les prélèvements des époux, notamment
ceux de la femme. Si le prélèvement s'exerce à titre
de propriété, l'époux n'a pas à transcrire, puisqu'il ne
s'est opéré aucune transmission; que si c'est à titre de
créance, comme l'a décidé la Cour de cassation dans
son célèbre arrêt du 13 janvier 1858, pour le grand
bien de la femme, et des créanciers (1), qui ne verront
plus, comme on l'a dit si spirituellement, des surprises
dans les reprises, il faut distinguer.

En ce qui concerne la femme, ou elle accepte, ou
elle renonce. Dans le premier cas, le prélèvement
qu'elle opère sur les biens de communauté n'est qu'un
incident du partage, un acte accessoire qui s'identifie
avec lui, en prend la nature, et comme tel, par con-

---

(1) C. de Cass. (chambres réunies). Arrêt du 13 janvier 1858.
V. les conclusions de M. le procureur général Dupin.

« C'est un régime (régime dotal) fondé sur la défiance... La femme
» dotale est une espèce de matrone, elle siége, pour ainsi dire, dans
» une chaise curule; elle plane, presque sans y toucher, au-dessus
» des affaires du ménage, et si par aventure elles vont mal, elle
» répond avec un calme stoïque aux créanciers : « Ce sont les affaires
» de monsieur. » Dans la communauté de biens, c'est tout autre
» chose... là les intérêts ne se divisent pas; ils se rapprochent, ils se
» confondent.... Jamais nos ancêtres, jamais nos législateurs modernes
» n'eurent l'idée déloyale que, sous le régime de la communauté,

séquent, non assujetti à transcription; du reste, il est entendu que si la femme exerce ses reprises, en cas d'insuffisance des biens communs, sur les biens personnels de son mari, il y a transmission de propriété à son profit, et nécessité de transcrire; dans le second cas, au contraire, elle perd toute espèce de droit sur la masse commune, laquelle par sa renonciation est exclusivement la propriété du mari; simple créancière du prix de ses propres aliénés et des indemnités qui lui sont dues, si elle consent à recevoir des immeubles de son mari pour l'acquittement de sa créance, elle les prend à titre de dation en payement, et à ce titre elle doit publier la mutation (Cass. rej. 8 février 1858.) Pour les prélèvements du mari, ils ne sont jamais assujettis à transcription; en effet, de deux choses l'une : ou la femme accepte, ou elle renonce. Si elle accepte, les prélèvements du mari constituant l'un des incidents du partage sont, comme le partage, déclaratifs de propriété. Répudie-t-elle, au contraire, il est bien clair qu'il ne saurait être question pour lui d'exercer des reprises, puisque la communauté lui demeure tout entière.

Ameublissement. — L'ameublissement est déterminé

» la femme, blottie dans un coin de la maison conjugale, y guetterait
» les créanciers de son mari pour devenir plus tard la cause de leur
» ruine, en venant tout à coup, par un retour offensif que rien
» n'autorise, et dont rien ne les avertit dans la loi, prendre avant eux,
» par privilége et à leur exclusion, toutes les valeurs mobilières et
» les conquêts de la communauté, c'est-à-dire l'actif même dont le
» mari se parait vis-à-vis d'eux pour obtenir leur argent, et qui com-
» posaient au dehors l'armure et l'amorce de son crédit. »

En notre ancienne jurisprudence, la femme n'était que créancière.
— Arrêts de notoriété au Châtelet de Paris, de 1711 et de 1745. —
Les textes du Code civil confirment l'ancienne pratique. (1408, 1435,
1471, 1473, 1476, 2093.)

ou indéterminé. 1° S'il est déterminé, il faudra le publier, car tout acte entre-vifs translatif de propriété immobilière est assujetti à transcription; or ici il y a bien mutation de propriété, l'immeuble passe du patrimoine de l'un ou des deux époux dans celui de la communauté. C'est bien ainsi que l'entendait Pothier, le plus sûr guide dans l'interprétation du régime de la communauté : « L'immeuble périt pour la communauté et non plus pour l'époux, le mari peut en disposer; enfin dans une opinion à laquelle Pothier avait fini par adhérer, l'époux qui ameublit son héritage est garant de l'éviction, comme s'il y avait eu vente véritable » (1507 du C. Nap.). Que l'ameublissement ait été fait par le mari ou par la femme, il n'importe; notre formalité, dans les deux cas, devra être remplie. Est-ce qu'elle ne sera pas utile pour empêcher que le mari ne dispose soit à titre gratuit pendant le mariage de l'immeuble ameubli, soit après sa dissolution à un titre quelconque (1)? 2° Si l'ameublissement est indéterminé, c'est-à-dire limité à une somme, la communauté ne faisant pas d'acquisition, mais ayant seulement la faculté d'hypothèque, la loi de 1855 ne peut être appliquée, car, d'une part, il n'y a pas mutation, et, d'autre part, la faculté d'hypothéquer n'est pas un droit susceptible d'hypothèque.

Communauté universelle. — Enfin la stipulation d'une communauté universelle entre époux, dans les termes de l'art. 1526, serait également soumise à la loi de publicité.

V. On devra transcrire comme acte translatif de pro-

---

(1) Je démontrerai plus loin que l'acquéreur à titre gratuit peut opposer le défaut de transcription.

priété un contrat de société, dans lequel l'apport d'un immeuble a été stipulé. En effet, l'immeuble passe du patrimoine de celui qui l'apporte dans celui de la société considérée comme personne morale, ou dans le patrimoine des associés, considérés *ut universi*. (Art. 1845, Code Napoléon.)

VI. La cession de biens doit-elle être transcrite? Il faut distinguer : si elle est judiciaire, elle confère simplement aux créanciers le droit de faire vendre les biens à leur profit, et d'en percevoir les revenus jusqu'à la vente, elle n'est pas un acte translatif de propriété ; aussi échappe-t-elle à la nécessité de la transcription. Pour la cession volontaire, elle produit les effets qui lui ont été attribués par les parties ; la nécessité de transcrire dépendra des circonstances : ainsi un débiteur convient avec ses créanciers qu'ils le tiendront pour libéré moyennant l'abandon total ou partiel de ses immeubles. Cet abandon n'est au fond qu'une dation en payement qui tombe sous l'application de la loi du 23 mars 1855.

VII. *Quid* de la transaction? Si l'une des parties pour amener un arrangement abandonne à l'autre un immeuble relativement auquel il n'y avait pas de contestation, cette convention, ayant un caractère translatif, doit être transcrite. Mais de la part de celui auquel on reconnaît la propriété d'un immeuble litigieux, y a-t-il lieu à transcrire? Oui, si la transaction est translative ; non, si elle est déclarative ; je soutiens ce dernier parti, et telle était l'opinion en l'ancien droit de la presque unanimité des auteurs. Dumoulin disait qu'elle ne transfère aucun droit, son effet consiste uniquement dans la suppression d'un doute qui, pesant sur la propriété de l'une des parties, la tenait incertaine et douteuse. D'Argentré, cette fois d'accord avec Dumoulin (1), exprimait la même idée en ces termes : « Transactio litem et ambiguitatem dirimit, sed materiam primariam juris non generat, non est titulus, sed tituli prætensi confessio. » Enfin Pothier disait : « Lorsque l'une des parties obtient ou conserve la chose litigieuse, l'argent qu'elle paye en retour constitue non point le prix de cette chose, mais le prix du désistement de l'autre partie (2). » Je crois que cette observation du jurisconsulte d'Orléans est d'une très-exacte vérité et doit nous servir de guide pour la solution de notre question. Vainement dira-t-on que la transaction constitue une renonciation tombant sous l'application du second paragraphe de l'art. 1er. L'objection disparaît devant cette simple considération que par la renonciation on se démet d'un droit certain, incontesté, tandis que celui qui transige abandonne un droit douteux, incertain. Or le second paragraphe de l'art. 1er se réfère seulement à une renonciation à un droit non contesté.

La loi de frimaire, au surplus, a consacré notre doctrine en matière d'enregistrement, puisque l'art. 68, § 1er, n° 45, soumet au droit fixe les transactions, en quelque matière que ce soit, qui ne contiennent aucune stipulation de sommes et valeurs, ni dispo-

______

(1) On sait que Dumoulin et d'Argentré n'étaient pas souvent d'accord. D'Argentré a pris en quelque sorte à tâche de contredire Dumoulin ; Hévin lui reproche de s'être séparé de lui plus par émulation et par jalousie que par raison. M. Dupin (*Cout. de Nivernais*) explique autrement l'antagonisme des deux jurisconsultes : Dumoulin était un esprit libéral, populaire ; d'Argentré était patricien, altier comme un Breton, aristocrate dans l'âme, et il dirigeait souvent ses interprétations dans le sens le plus favorable aux priviléges.

(2) Dum. sur la *Cout. de Paris*, § 33 ; Glos., 1., n° 67 ; d'Argent. sur l'art. 266 de la *Cout. de Bret.* ; Poth., V. *Trans.*, § 4, n° 6, et V. part., § 11, n° 5. *Des retraits*, 110.

sitions soumises par la loi à un plus fort droit d'enregistrement.

Partage. — On le sait, en droit romain, le partage
était translatif. Vainement Trébatius essaya de faire
prévaloir la rétroactivité, mal lui en prit; Labéon, dont
il était le disciple, lui fit cette fière réponse : *Ego hoc
falsum puto!* Suivant notre droit, dit Pothier, un partage
n'est autre chose qu'un acte qui détermine aux seuls
effets qui tombent dans son lot la part indéterminée
qu'avait avant le partage chaque cohéritier ou copro-
priétaire dans la masse ou dans la chose qui était à partager. Louët avait dit avant lui, dans son pittoresque
langage : « Celui qui est propriétaire par indivis *non est
dominus incommutabilis.* De cette manière on ne verra
plus un héritier safranier infecter toute la succession de
ses dettes. » Le partage est, d'après le Code Napoléon,
déclaratif, et non pas translatif; il échappe donc à la
formalité de la transcription. Les auteurs de la loi belge,
au contraire, ont pensé très-justement que les actes de
partage, bien que simplement déclaratifs, devaient être
portés à la connaissance des tiers. (Art. 1er.)

On a beaucoup discuté sur le point de savoir dans
quel cas il y a partage. Sans entrer dans l'examen de
toutes les difficultés, je dois cependant m'expliquer sur
certains points d'une importance supérieure. Tout d'a-
bord, la règle à poser est celle-ci : est réputé acte de partage tout acte qui a pour objet de faire cesser l'indivision.
De cette règle se déduisent les conséquences suivantes :

1° Il y a partage, non-seulement lorsque l'indivision
cesse relativement à l'hérédité tout entière, mais encore
lorsqu'elle cesse relativement à l'un ou à l'autre des objets qui en font partie.

2° S'il y a plus de deux héritiers, la vente que ferait l'un d'eux de sa part héréditaire à un autre héritier aurait le caractère de partage, et, en conséquence, serait affranchie de la transcription. Toutefois la thèse contraire, admise dans la doctrine par un grand nombre de jurisconsultes, a été consacrée par la jurisprudence constante de la Cour suprême; il m'est impossible, quant à moi, de ne pas déclarer, malgré le respect que m'inspirent des autorités si considérables, qu'elle est contraire aux traditions de l'ancienne jurisprudence, aux textes bien clairs du Code Napoléon, contraire à la logique et au but que le législateur s'est proposé en édictant l'art. 883.

Contraire à l'ancien droit. — C'était un point constant en notre ancien droit qu'il y avait partage, encore que l'indivision n'eût pas cessé d'une manière absolue. Écoutons, en effet, Pothier : « Si l'un de quatre cohéritiers vend à un autre sa portion, quoique celui qui l'acquiert demeure en communauté avec les deux autres, cet acte n'en tiendra pas moins lieu de partage, et n'en sera pas moins exempt de profit. » Bourjon, Guyot, Pocquet de Livonière, Fonmaur étaient également de cet avis. Bourjon nous dit : « Cela est d'une jurisprudence constante au Châtelet de Paris (1). »

Contraire aux textes. — D'abord à l'art. 883, dont les termes excluent catégoriquement la distinction passée en jurisprudence, puis à l'art. 888, qui considère comme partage tout acte qui a pour objet de faire cesser l'indivision; or, cet article n'exige pas qu'il soit passé entre tous les cohéritiers; l'art. 889, complément du

---

(1) Poth., part. 1, ch. v, sect. I, art. 2, § 3; Cout. d'Orl., 80; Guyot, *Traité des fiefs*, t. I, licit., ch. iii, sect. III, n° 3; Pocquet de Livonière, *Cout. d'Anjou*, art. 282; Fonmaur, n° 303; arrêts des 5 août 1619 et 20 mars 1730.

précédent, ne suppose-t-il pas la vente faite à l'un des cohéritiers par ses cohéritiers ou par l'un d'eux? Écartez la clause des risques et périls, et vous vous trouvez dans l'hypothèse de l'art. 888.

Contraire à la logique. Effectivement, voici où aboutit le système que je combats. Soient quatre cohéritiers, P. S., T., Q. P. cède sa part à S., il y a une vente, par conséquent nécessité de transcrire; S., déjà cessionnaire de la part de P., achète celle de T.; il y a encore une vente, partant publicité; mais il arrive enfin qu'il se rend cessionnaire de la part de Q., alors, il y a partage, puisque l'indivision a cessé d'une manière absolue. Quoi! si les cessions avaient eu lieu le même jour, par un seul et même acte, vous diriez qu'il y a eu partage, et, si elles ont été faites successivement, à des dates différentes, vous direz, dans l'hypothèse, que deux cessions auront constitué deux ventes, c'est-à-dire deux actes assujettis à publicité, et que, pour la troisième cession, elle restera clandestine, car elle constitue un partage! Mais les cessions successives ne sont-elles pas des actes préparatoires du partage, elles en sont les éléments, les portions intégrantes; dès lors, elles doivent participer de sa nature, et avoir comme lui un effet déclaratif, et ce résultat est, du reste, très-conforme à l'intention des parties.

Contraire à l'esprit de l'art. 883. — Vainement donc le législateur aura voulu maintenir la paix et la bonne harmonie des familles, tarir la source des procès; la doctrine de la Cour suprême va la rouvrir; car, s'il y a plus de deux héritiers, l'héritier cessionnaire de la part de l'un d'eux va être obligé de subir sur cette part l'action hypothécaire des créanciers. Quand Pothier, qui a eu la gloire de contribuer dans de si larges proportions à la rédaction du Code civil, a formulé une doctrine de la façon la plus nette, quand il est certain que la pratique y était conforme, et que, du reste, ni les textes, ni la logique ne sont contraires à cette doctrine, je n'hésite pas à l'admettre. Aussi bien, une question, comme une institution juridique, a son histoire, et c'est au flambeau de l'histoire que l'interprète parvient très-souvent à l'éclairer. La science du droit n'est-elle pas comme cette chaîne merveilleuse dont parle un conte arabe, dont tous les anneaux, quoique brisés par une force supérieure, tendent toujours à se rejoindre et à se ressaisir ?

§ II.

Toute renonciation à ces mêmes droits. (Art. 1, n° 2.)

Si le législateur de 1855 a voulu faire allusion par ces expressions : renonciation à ces mêmes droits, non-seulement aux renonciations aux droits d'usufruit, d'hypothèque, mais encore aux renonciations au droit de propriété, je crois qu'il s'est mépris en ce qui concerne ces dernières. Car la renonciation au droit de propriété se confond avec la transmission elle-même ; quoi qu'il en soit de ce point, la loi de 1855 assujettit à la mesure de la publicité les renonciations ; le but qu'elle a voulu atteindre est facile à deviner : les tiers doivent connaître l'extinction comme la constitution des droits susceptibles d'hypothèque, afin de se mettre en garde contre celui qui était investi de ces droits, et qui en a été dépouillé.

Avant tout, il faut partir de l'idée qu'on assujettit à la publicité les renonciations à un droit que l'on a eu, et que l'on abdique pour l'avenir. Comme applications de cette idée, je citerai les hypothèses prévues par les art. 656, 699, 780. Au contraire échappera à la nécessité de la transcription l'acte de renonciation à une succession; l'héritier qui renonce est censé n'avoir jamais été héritier (C. Nap., 785), et ceux qui la recueillent à son défaut acquièrent un droit qui n'a jamais été fixé sur sa tête. Il en est de même de la renonciation par la femme ou ses héritiers à la communauté; la femme, en effet, n'est censée avoir jamais eu aucun droit sur les biens de communauté, et le mari, de son côté, est réputé en avoir été le propriétaire *ab initio*. Au reste, la publicité que la loi désire est déjà organisée pour ces renonciations par la forme de déclaration au greffe à laquelle elles sont soumises (784, 1457); les tiers, s'ils sont prudents, consulteront, avant de contracter, les registres du greffe. La même solution devra être donnée pour la renonciation à un legs, elle découle des principes énoncés plus haut. (1043.)

Enfin la renonciation à une prescription accomplie ne devra pas davantage être publiée, elle est la reconnaissance du droit d'autrui, elle implique l'aveu de la part du renonçant qu'il n'a jamais été propriétaire de l'immeuble qu'il possédait; dès lors, il n'a rien transmis à celui au profit duquel il a fait la renonciation.

SECTION DEUXIÈME.

JUGEMENTS SOUMIS A LA LOI DE 1855.

§ Ier.

L'art. 1er, n° 3, soumet à la transcription tout jugement qui déclare l'existence d'une convention verbale de la nature ci-après exprimée.

Nous avons supposé jusqu'ici que les conventions dont nous nous sommes occupé étaient constatées par écrit ; mais il peut arriver qu'elles soient purement verbales, et alors leur effet se trouvera restreint entre les parties contractantes, et entre elles seulement tant qu'un acte n'aura pas été rédigé et transcrit au bureau des hypothèques. Toutefois, si un litige s'élève, et qu'un jugement reconnaisse l'existence de la convention verbale, la transcription devient nécessaire ; elle doit avertir les tiers de la transmission de la propriété, et tracer une ligne de démarcation entre l'ancien et le nouveau propriétaire.

§ II.

L'art. 1, n° 4, soumet à la transcription tout jugement d'adjudication autre que celui rendu sur licitation au profit d'un cohéritier ou d'un copartageant.

L'adjudication, comme la vente, est un acte translatif de propriété et, en cette qualité, assujettie à la publicité (1). Le législateur excepte avec raison de la règle qu'il pose le jugement d'adjudication rendu au profit d'un cohéritier ou d'un copartageant ; il constitue en effet un acte purement déclaratif.

Aux adjudications déclaratives, il faut assimiler celles qui confirment, consolident un titre préexistant, ainsi l'adjudication sur saisie immobilière faite à un tiers

---

(1) Comme applications de la règle posée par l'art. 1, n° 4, nous citerons : les jugements d'adjudication de biens dépendant d'une succession bénéficiaire ou vacante, et les jugements rendus sur licitation ; les jugements d'adjudication de biens de mineurs, et ceux sur expropriation forcée, lorsqu'à défaut de surenchère du sixième, l'adjudication est devenue définitive. Au surplus, quant à ces derniers, l'art. 1 de la loi du 21 mai 1858 est positif : le jugement d'adjudication *dûment transcrit.*

Les jugements d'adjudication sur délaissement par hypothèque ou sur surenchère du dixième.

détenteur, puis l'adjudication prononcée au profit d'un tiers détenteur dont les offres à fin de purge n'ont pas été acceptées; l'adjudicataire conserve, comme le dit l'art. 2189, il n'acquiert pas; aussi ajoute-t-il que l'adjudicataire n'est pas tenu de transcrire le jugement d'adjudication; il résulte de là, par *a contrario*, que la transcription est nécessaire lorsque l'adjudicataire est toute autre personne que le détenteur; cette distinction était en effet suivie sous la loi de brumaire. Les rédacteurs la reproduisirent sans prendre garde qu'elle était inexplicable avec l'abrogation de cette loi. Dans quel but l'adjudicataire aurait-il transcrit ? Pour devenir propriétaire à l'égard des tiers; mais d'après le Code Nap. l'adjudication, comme la vente ordinaire, était par elle-même, et par sa seule énergie, translative de propriété à l'égard de tous. Pour purger? mais la purge était déjà opérée. Le principe de la loi de brumaire ayant été remis en vigueur depuis la loi de 1855, l'art. 2189 et la distinction qu'il comprend ont recouvré leur utilité.

Si l'acquéreur, au lieu de purger, avait délaissé, l'adjudication prononcée à son profit serait dispensée de la transcription. En effet, celui qui délaisse ne se dépouille pas de la propriété, mais seulement de la détention (1); il n'a qu'un but, qu'une idée, c'est de se soustraire aux ennuis et aux embarras de la procédure d'expropriation, et aussi, il faut bien le dire, à l'espèce de flétrissure qui s'y attache; l'adjudication ne lui transfère donc rien, elle n'est que confirmative; et tel était bien le sentiment de nos anciens auteurs; voici ce que nous lisons dans Loyseau : « Il faut prendre garde que

---

(1) MM. Bugnet et Colmet de Santerre, à leur cours.

» celui qui délaisse l'héritage pour les hypothèques ne
» quitte pas absolument la propriété et la possession
» d'icelui, mais seulement la simple détention et occu-
» pation (1). » Rien d'ailleurs n'indique dans les discussions que les rédacteurs aient voulu s'écarter sur ce
point des errements du passé; tout au contraire, la
preuve que, jusqu'à l'expropriation, l'immeuble aban-
donné reste dans le domaine de l'acquéreur ressort
jusqu'à l'évidence, à mon avis, de deux textes : d'une
part, de l'art. 2173 qui permet au délaissant, jusqu'à
l'adjudication, de reprendre l'immeuble en payant la
dette, intérêts et frais, et, d'autre part, de l'art. 2177,
qui, si l'immeuble est vendu, le fait bénéficier de
l'excédant du prix de vente sur le montant des créan-
ces hypothécaires. (V. aussi 2174.)

On doit considérer également comme affranchi de
notre formalité le jugement d'adjudication des biens
de la succession rendu au profit de l'héritier bénéficiaire (2), car l'adjudication ne fait encore ici que confirmer le droit de propriété. L'héritier bénéficiaire, bien
qu'il acquière par le bénéfice d'inventaire l'avantage de
ne pas confondre ses biens personnels avec ceux de la
succession, bien qu'il soit comptable envers les créanciers du prix de ses biens qu'il ne peut vendre qu'aux
enchères, n'en est pas moins propriétaire. C'est ce
qu'exprimait très-bien Dumoulin : *Heres sub beneficio
inventarii est verus heres, quamvis sub certis modificatio-
nibus et verus dominus hereditariarum* (Cout. *de Paris,*
§ 43, g. 1, n° 175.) Et telle était la doctrine formulée

---

(1) Loyseau, *Déguerp.*, liv. VI, ch. vii, n° 1; Brodeau, 79 de la
Cout. de Paris; Poth., *Traité de l'hyp.*, n° 119.

(2) J'admets, bien entendu, qu'il peut se rendre adjudicataire; aucun texte ne contrarie cette solution.

par Pothier, à plusieurs reprises, de la façon la plus nette : « L'adjudication faite à un héritier bénéficiaire » d'un héritage de la succession sur la saisie réelle des » créanciers ne donne pas lieu au profit de vente. (Arrêts » de 1615 et de 1685.) La raison est que cette adjudi- » cation ne lui transfère pas la propriété de cet héri- » tage, qu'il avait déjà eu en sa qualité d'héritier, elle » ne fait qu'assurer et confirmer son droit. » (V. Merlin, *Bénéf. d'inv.*, n° 25. Cass. 1er février 1830.)

Je donnerais une solution identique même dans le cas où l'héritier bénéficiaire, usant de la faculté qui lui est accordée par l'art. 802, aurait, pour se décharger du payement des dettes, fait l'abandon de tous les biens de la succession, et se serait ensuite rendu adjudicataire de ces biens; c'est qu'en effet cet abandon n'est, à mon sens, autre chose qu'une cession de biens qui ne dépouille l'héritier bénéficiaire ni de la qualité d'héritier, ni de la propriété; il n'a d'autre objet, d'autre résultat que de l'affranchir de l'administration de la succession envers les créanciers et les légataires. Du reste, est-ce que, lorsque la vente aura été faite, l'excédant du prix sur le montant des dettes n'appartiendrait pas à l'héritier bénéficiaire?

Ici se présente une question grave et féconde en conséquences pratiques, c'est celle de savoir si la loi de 1841, sur l'expropriation pour cause d'utilité publique, a été modifiée par la loi nouvelle. Spécialement, au point de vue de la transmission de la propriété, l'État ne deviendra-t-il propriétaire à l'égard des tiers que par la transcription de son titre d'acquisition, en sorte que le payement du prix ou de l'indemnité serait considéré comme non avenu à l'égard d'un tiers qui aurait acheté l'immeuble à l'exproprié, et qui aurait publié son droit avant l'administration. Je soutiens que l'État devient propriétaire, même à l'égard d s tiers, à partir du jugement d'expropriation, et voici trois arguments qui me paraissent concluants : 1° Les lois générales, à moins qu'elles n'en aient une disposition expresse, ne dérogent pas aux lois spéciales, *in toto jure generi per speciem derogatur*, or la loi de 1841 est une loi spéciale, donc la loi de 1855, loi générale, n'est venue porter aucune atteinte aux principes résultant de la loi de 1841 ; 2° le législateur de 1855 a eu soin de séparer nettement les actes translatifs de propriété et les jugements; or, d'une part, le mot *acte* est exclusif de jugement; et, d'autre part, les jugements d'expropriation ne sont et ne peuvent être compris légalement au nombre des jugements d'adjudication; les règles du langage, les formes de procédure rendent impossible toute assimilation entre eux ; 3° le motif véritable et officiellement déclaré pour lequel on a rétabli la transcription a été la nécessité de porter à la connaissance des tiers par un acte extérieur et public les mutations de propriétés immobilières. Ce motif existait-il relativement à l'expropriation pour cause d'utilité publique? Certes non; la loi de 1841 avait organisé un système complet de publicité. Ainsi, première enquête avant la désignation définitive des propriétés à exproprier; avant la déclaration d'utilité publique, deuxième enquête, avertissements collectifs par voie d'affiches, d'insertions dans les journaux, publication par les mêmes moyens du jugement d'expropriation, toutes ces formalités; si bien faites pour jeter le plus grand jour sur l'expropriation, ne laissaient rien à faire au nouveau législateur. En vérité, les tiers auraient mauvaise grâce à prétendre qu'ils n'ont pas été avertis de la mutation qui s'est accomplie. La publicité résultant de la transcription au bureau des hypothèques n'ajoute guère à la publicité éclatante édictée par la loi de 1841 (1).

Je donnerai la même solution en ce qui touche les acquisitions amiables faites par l'administration postérieurement aux arrêtés du préfet; c'est en effet aux jugements d'expropriation pour cause d'utilité publique qu'elles doivent être et sont assimilées, elles ont les mêmes effets, jouissent des mêmes faveurs; or, j'ai prouvé qu'il n'était pas nécessaire de transcrire les jugements d'adjudication, donc, etc.

Au surplus, il est une considération qui a bien quelque valeur, c'est qu'il a été déclaré par les commissaires du gouvernement à la commission du sénat chargée du rapport de la loi du 23 mars, qu'il n'a été nullement dérogé à la loi du 3 mai 1841.

Enfin, il est évident que le jugement déclaratif de faillite ne tombe pas sous l'application de la loi de 1855. Il n'opère aucune transmission de propriété du failli à ses créanciers, il n'entraîne aucun droit de mutation; le failli est seulement dessaisi de l'administration de tous ses biens.

CHAPITRE DEUXIÈME.

A LA DILIGENCE DE QUI, OU ET COMMENT DOIT ÊTRE REMPLIE LA FORMALITÉ DE LA TRANSCRIPTION?

En premier lieu, à la diligence de qui la transcription doit-elle avoir lieu? La loi ne dit rien à cet égard, mais il est clair que cette formalité est à la charge de ceux qu'elle intéresse, des acquéreurs ou de ceux en

---

(1) M. Vuatrin, à son cours.

faveur desquels une renonciation a eu lieu, du preneur en matière de baux et payements de termes anticipés. Si la transcription intéresse des incapables, on devra appliquer par analogie l'art. 940 du Code Napoléon; les incapables seraient admis eux-mêmes à présenter l'acte à la formalité.

En second lieu, où doit-elle être faite? Au bureau des hypothèques de la situation des biens (art. 1er), c'est-à-dire de l'arrondissement où ils sont situés (1); si le domaine sur lequel porte l'acte à transcrire s'étend dans plusieurs arrondissements, il faudra opérer notre formalité dans ces divers arrondissements; de même, en cas d'échange d'immeubles situés dans deux arrondissements différents, la transcription aura lieu dans ces divers arrondissements.

Il résulte de là, qu'outre la formalité de l'enregistrement qui s'opère aux bureaux de canton, il faut en remplir une seconde au chef-lieu d'arrondissement avec augmentation de dépenses en frais d'expédition, de voyages, de séjour ou de correspondance.

Enfin comment la formalité devra-t-elle être remplie? Elle consiste dans la copie littérale sur un registre public des actes ou jugements soumis à la publicité. Le conservateur des hypothèques, lorsqu'on lui apporte un acte à transcrire, doit d'abord inscrire sur son registre d'ordre des transcriptions ou des inscriptions ou registre des dépôts, la remise qui lui est faite; il en donne une reconnaissance sur papier timbré qui rappelle le numéro du registre (2200, Code Napoléon); il ne peut transcrire les actes que dans l'ordre de la remise ainsi constatée. Le registre sur lequel on transcrit s'appelle le registre

____

(1) Pour le département de la Seine, il y a trois bureaux de conservation des hypothèques, ils sont tous les trois à Paris.

des transcriptions. Une fois la formalité accomplie, le conservateur en donne reconnaissance au requérant (2181) avec quittance des droits et salaires.

En règle, les actes et jugements soumis à la loi de 1855 doivent être transcrits en entier ; l'art. 3 du projet primitif avait introduit un nouveau mode qui se composait du dépôt d'une copie de l'acte à transcrire et d'une inscription par extrait sur le registre du conservateur, mais ce mode a été repoussé par le Corps législatif (1). Je ne crois pas que le législateur ait agi sagement ; en pratique, les actes notariés sont surchargés de clauses inutiles, quelquefois bizarres, qui ne servent nullement à faire planer la lumière sur l'établissement de la propriété foncière ; ce luxe de phrases devenues de style n'est propre qu'à encombrer les registres. On pratique le système de l'inscription par extrait pour les hypothèques, pourquoi ne le pratiquerait-on pas dans une matière analogue ?

Toutefois, si un même acte contenait à la fois la constatation d'un fait juridique soumis à publicité avec plusieurs conventions qui n'y sont pas assujetties, il suffirait de transcrire l'acte *parte in qua ;* ainsi, pour un contrat de mariage, on se contentera de transcrire l'article assujetti à publicité, de même en matière d'adjudication aux enchères publiques et par lots, chaque adjudicataire ne sera tenu de publier que la partie du procès-verbal qui concerne son lot.

Les actes sous seing privé sont admis à la transcription tout aussi bien que les actes authentiques. Le système qui n'admet à notre formalité que les actes authentiques fut soutenu énergiquement dans le sein

---

(1) *Exposé des motifs*, p. 11 et 12, et *Rapport au Corps législatif*, p. 15.

de la commission du Corps législatif (1). On fit valoir à l'appui de ce système des motifs très-sérieux, et aujourd'hui encore ils paraissent concluants à d'excellents esprits; je ne saurais, pour mon compte, partager cet avis; une bonne législation doit faciliter la rapidité des transactions. Cette idée a été bien comprise par le législateur de 1804, lorsqu'il a donné aux parties la liberté précieuse de constater la vente d'un immeuble par acte sous signature privée.

Encore un mot avant de terminer sur ce point. Il y a au bureau des hypothèques un registre appelé répertoire. Lorsqu'une transcription ou une inscription a été opérée, chacune sur le registre qui lui est propre, le conservateur la porte par extrait sur le registre dit *répertoire*, où un compte est ouvert aux propriétaires et non aux immeubles. Ainsi je me porte acheteur d'un immeuble appartenant à Louis; un compte m'est ouvert au répertoire. Ce registre a deux colonnes, la colonne de l'actif et celle du passif; à la colonne de l'actif, le conservateur mentionnera par extrait mon acte d'achat; mais aussi sous le nom de Louis, mon vendeur à la colonne du passif, il fera mention de l'acte qui le dépouille de la propriété.

En Allemagne, nous savons que le système est différent : le compte est ouvert aux immeubles eux-mêmes. Chaque fonds occupe une place sur le registre foncier. Le système allemand paraît préférable, et depuis longtemps on demande que notre système soit réformé; ce n'est certes pas à moi qu'il appartient de contester la nécessité d'une réforme; tout ce que je puis dire, c'est

---

qu'en pratique elle présente des difficultés considérables: ouvrez donc au bureau des hypothèques un compte à chaque parcelle de propriété! avec le morcellement excessif de la propriété, vous aurez non plus des bibliothèques, mais des montagnes de registres, et alors, comment le conservateur pourra-t-il se reconnaître au milieu de tous ses papiers? Quelle source d'erreurs!!...

CHAPITRE TROISIÈME.

DES EFFETS DU DÉFAUT DE TRANSCRIPTION.

Tout d'abord, il faut remarquer que la loi nouvelle laisse subsister le principe d'après lequel la vente est parfaite par le seul consentement des parties contractantes(1), et qu'entre elles, elle est, dès l'instant qu'elle existe, translative de propriété; la formalité de la transcription n'est prescrite qu'à l'égard des tiers. L'art. 3 dispose : Jusqu'à la transcription, les droits résultant des actes et jugements énoncés aux articles précédents ne peuvent être opposés aux tiers qui ont des droits sur l'immeuble et les ont conservés en se conformant aux lois.

Ainsi trois conditions sont requises pour qu'on puisse repousser un acte pour défaut de transcription : 1° que l'on soit un tiers ayant un droit; 2° que l'on ait conservé ce droit en se conformant aux lois; 3° que l'on ait acquis et conservé ce droit avant la transcription de l'acte que l'on veut repousser.

____

(1) Je parle ici du contrat de vente, mais il est bien entendu que ce que je dis de ce contrat s'applique à toute convention à titre onéreux ayant pour objet une mutation de propriété.

Cela posé, nous pouvons nous demander à l'égard de quelles personnes l'acheteur est propriétaire, à l'égard de quelles personnes il ne l'est pas; en d'autres termes, qui ne peut pas, ou qui peut opposer le défaut de transcription.

Que l'acheteur puisse, indépendamment de toute transcription, revendiquer contre le vendeur, cela n'est pas douteux, puisque, je le répète, entre les parties, la transcription n'est pas nécessaire pour la transmission de la propriété; le vendeur, d'ailleurs, ne peut être l'auteur de l'éviction, lui qui, si l'acheteur était évincé, serait tenu de la garantie : *Quem de evictione*, etc. L'acheteur agira avec un égal succès contre les héritiers ou successeurs universels, ou à titre universel, du vendeur; ils sont tenus des obligations de leur auteur, par suite, ils doivent respecter les aliénations qu'il a consenties, et à cet égard, il n'y a pas à distinguer entre les héritiers purs et simples et les héritiers bénéficiaires. Mais supposons que le *de cujus*, après avoir vendu un de ses immeubles à un étranger qui n'a pas rendu public son titre, l'a vendu une seconde fois à un de ses héritiers présomptifs qui, lui, a fait transcrire le sien ; il est incontestable que ce dernier, s'il a accepté purement et simplement la succession de son auteur, ne pourra exciper de l'omission de la transcription; mais que faut-il décider dans le cas où il a accepté sous bénéfice d'inventaire? Il est de principe que l'héritier bénéficiaire ne confond pas son patrimoine avec l'hérédité, et reste, en tant qu'il s'agit de la conservation de ses propres droits, un tiers par rapport aux actes passés par le défunt; dès lors, dans notre hypothèse, il est recevable à se prévaloir du défaut de transcription, et c'est en vain qu'on voudrait lui opposer la maxime : *Quem de evictione*, etc., car précisément, *eum non tenet actio*, puisqu'il n'est pas tenu sur ses biens des dettes personnelles du défunt, il n'est pas garant de ses faits. Sans doute, l'acheteur évincé aura un recours, mais ce recours devra être dirigé contre la succession.

Nous avons dit que trois conditions sont nécessaires pour pouvoir opposer le défaut de transcription ; reprenons-les chacune successivement.

1° *Il faut avoir un droit sur l'immeuble*, droit de propriété, d'hypothèque, d'antichrèse. D'où il suit que les créanciers chirographaires ne peuvent opposer le défaut de transcription, ils ont suivi la foi de leur débiteur, et, en ne prenant contre lui aucune sûreté, ils sont censés lui avoir laissé la faculté de disposer de ses immeubles ; ajoutez que les mots : *qui ont des droits sur l'immeuble*, ont été insérés dans la rédaction primitive pour écarter la prétention des créanciers chirographaires ; c'est ce qu'a confirmé M. Rouher, un des commissaires du gouvernement, dans le cours de la discussion.

Les créanciers chirographaires d'une succession ne sont pas recevables à opposer le défaut de transcription des actes d'aliénation consentis par l'héritier, alors même qu'ils ont pris inscription en vertu de l'art. 2111 ; la séparation des patrimoines n'engendre pas, à mon avis du moins, au profit des créanciers héréditaires, un véritable privilége conférant un droit de suite contre les tiers acquéreurs (1) ; ils n'y sont pas davantage autorisés, dans le cas où la succession a été acceptée sous bénéfice d'inventaire ou déclarée vacante.

____

(1) Tel est aussi l'avis de M. Bugnet. La séparation des patrimoines n'est pas mentionnée, dit notre savant maître, dans les art. 2101, 2102 et 2103. Quant au nom de privilége, donné par l'art. 2111, il s'explique par ce motif que la séparation des patrimoines est soumise aux mêmes conditions de publicité que les priviléges.

Je suppose qu'un commerçant, propriétaire d'un immeuble, l'a vendu valablement; il vient à être déclaré en faillite, et le jugement déclaratif est prononcé avant que l'acheteur ait fait transcrire son contrat; la vente sera-t-elle opposable à la masse? La négative est soutenue par M. Demangeat (M. Bravard, *Traité de droit commercial*, t. V, 1864). Le dessaisissement qui résulte pour le failli du jugement déclaratif constitue au profit des créanciers un droit réel *sui generis* qui est désormais à l'abri de toute atteinte de la part du failli ou de ses ayants cause. MM. Aubry et Rau n'admettent la masse de la faillite à opposer à l'acheteur le défaut de transcription qu'autant que les syndics ont pris inscription, en conformité de l'art. 490 Code de com. (1). Je réponds que le droit sur les biens du failli date du jugement déclaratif, et non de l'inscription prise en vertu de ce jugement; on le sait, peuvent opposer le défaut de transcription tous ceux qui ont acquis un droit sur l'immeuble, et l'ont conservé en se conformant aux lois; la masse de la faillite a acquis un droit par le jugement déclaratif, et, d'un autre côté, nous supposons que ce jugement a été publié, conformément à l'art. 452 Code de com., *donc....* etc. Mais du moins, après la cessation des payements ou dans les dix jours qui la précèdent, ne peut-on pas transcrire une vente valablement faite? Oui, jusqu'au jour du jugement déclaratif un acte de vente peut être publié, de la même manière qu'un droit de privilége ou d'hypothèque valablement acquis peut être valablement inscrit; toutefois la transcription ne saurait être déclarée nulle, s'il s'était écoulé plus de quinze jours

---

(1) Première partie du 2me vol., 1863.

entre elle et la date de l'acte de vente; l'art. 448, *in fine*, édicte une cause de nullité pour un cas; or il est de principe qu'en matière de déchéance on ne peut raisonner par analogie.

La position des créanciers chirographaires ne peut-elle se trouver modifiée par l'effet d'une saisie immobilière transcrite ? C'est ce que je vais examiner.

Paul, créancier de Pierre, pratique sur lui une saisie qui est transcrite le 15 janvier; mais le 10 du même mois Pierre avait vendu, par acte enregistré, le même immeuble à Secundus qui, lui, ne fait transcrire que le 20 janvier. On demande si la vente sera opposable au créancier saisissant. C'est là une question diversement résolue soit dans la doctrine, soit dans la jurisprudence, et trois systèmes sont en présence.

I. Un premier système soutient que la vente l'emportera sur la saisie, si la saisie a été pratiquée par un créancier chirographaire; mais si elle a été formée par un créancier hypothécaire, l'acheteur, qui n'a fait transcrire son contrat que postérieurement à la transcription de la saisie, n'est pas fondé à revendiquer l'immeuble saisi à l'encontre du saisissant, qui est un tiers ayant des droits sur l'immeuble dans le sens de l'art. 3 de la loi du 23 mars 1855. (V. Bes. 29 nov. 1858. Caen, 1er mai 1858. Trib. d'Altkirch, 1856 et 1858.)

II. Une demande en distraction de la part de l'acheteur est, disent les partisans de la deuxième opinion, admissible aussi bien à l'encontre d'un créancier hypothécaire qu'à l'encontre d'un créancier chirographaire; en effet, la transcription de la saisie ne confère au créancier hypothécaire aucun droit nouveau, distinct de celui qu'il tient de son hypothèque. (Angers, 1er déc. 1858. Req. rej. 13 juin 1860. MM. Aubry et Rau, 2e vol. 1re partie.)

III. Enfin il est un troisième système qui fait prévaloir la saisie dûment transcrite sur la vente, soit qu'elle
ait été formée par un créancier hypothécaire, soit
même qu'elle l'ait été par un créancier purement chirographaire. Ce dernier système n'a pas rallié jusqu'ici
un bien grand nombre de suffrages, cependant je
n'hésite pas à l'admettre, parce qu'il me semble le seul
juridique et le seul conciliable avec les textes; j'ajoute
qu'il est très-conforme à la logique et à l'équité.

Et mon point de départ est celui-ci : La saisie a pour
effet de conférer au saisissant un droit réel *sui generis*.
Le droit réel est, comme chacun sait, la faculté accordée à une personne de s'attribuer directement et immédiatement l'utilité totale ou partielle d'une chose; or,
les articles mêmes du Code de procédure qui organi-
sent la procédure de saisie ne démontrent-ils pas d'une
façon péremptoire que le saisissant retire une partie
considérable de l'utilité qu'est susceptible de produire
la chose appartenant au débiteur saisi? Comme le dit
très-bien un de nos vénérés maîtres, M. Colmet
Daage (1), la mise sous main de justice modifie pro-
fondément les rapports du saisi avec son immeuble;
sans doute il ne cesse pas d'être propriétaire, mais son
droit d'administration, son droit de jouissance, son
droit de disposer, c'est-à-dire toutes les parties de son
droit de propriété reçoivent de graves atteintes par
suite de la saisie. M. Persil, en son Rapport à la Chambre des députés sur la loi de 1841, exprimait la même
idée; la saisie affecte la propriété. C'est ce qui résulte
d'abord de l'article 681; d'après cet article, si les
créanciers consentent à ce que le débiteur reste en pos-

---

(1) C. de proc., t. II.

session de l'immeuble qu'il habite ou qu'il exploite lui-même, sa possession change de nature, il n'est plus un propriétaire administrant sa chose suivant sa fantaisie; c'est un séquestre judiciaire comptable de la restitution de la chose et des fruits, et dans le cas où ils se défieraient de la gestion de leur débiteur, ils pourront s'adresser au président du tribunal pour le faire déposséder; certes, voilà une grave atteinte apportée au droit de jouissance d'un propriétaire; mais ce n'est pas tout, ils pourront, après y avoir été autorisés par ordonnance du président, faire procéder à la coupe et à la vente en tout ou en partie des fruits pendants par les racines (art. 681, *in fine*). Que répondra-t-on à l'article 682, qui immobilise, pour être distribués avec le prix de l'immeuble par ordre d'hypothèque, les fruits naturels et industriels recueillis postérieurement à la transcription, ou le prix qui en proviendra? C'est donc à tort, à mon avis, que la cour d'Angers, en son arrêt de 1858, a prétendu que la saisie dûment transcrite ne conférait aucun droit nouveau ou plus étendu au créancier même hypothécaire. (Voy. aussi les art. 683, 684, 685.) L'article 682 donne à cette assertion le plus éclatant démenti. Enfin l'article 686 dispose que la partie saisie ne peut, à compter du jour de la transcription, aliéner les immeubles saisis, à peine de nullité, et sans qu'il soit besoin de la faire prononcer; cet article est tranchant; la cause de la nullité qu'il édicte, c'est la perte d'une portion du droit de propriété, de l'abusus, dont la saisie dûment transcrite a dépouillé le saisi; en sorte que la vente consentie par lui est jusqu'à un certain point consentie *a non domino;* finalement, s'il est un droit ayant les caractères d'un droit réel, c'est bien celui qui nous occupe. (Voy. art. 687.)

Cela posé, tout acte translatif de propriété non publié ne peut être opposé aux tiers qui ont des droits sur l'immeuble et les ont conservés en se conformant aux lois. Or, d'une part, le créancier saisissant a acquis un droit sur l'immeuble, et d'autre part, il l'a conservé en se conformant aux lois, ici au Code de procédure ; donc il est recevable à se prévaloir du défaut de transcription à l'encontre de l'acheteur qui n'a pas transcrit. D'ailleurs le système opposé se condamne par les conséquences mêmes auxquelles il arrive. Supposons, en effet, qu'un même immeuble soit l'objet d'une saisie et de deux ventes successives, une première vente antérieure à la transcription de la saisie, mais non transcrite ; la deuxième postérieure, mais transcrite. Dans cette hypothèse, la première vente l'emporterait sur la saisie, mais elle céderait le pas à la seconde vente, et d'un autre côté, la seconde vente ne serait pas opposable au saisissant ; il y a là une difficulté impossible à trancher. Dans notre système, au contraire, il va sans dire que le saisissant aura la préférence. Enfin je terminerai par une considération d'équité qui me semble décisive. Comment ! le saisissant aura accompli toutes les formalités nécessaires pour arriver à la réalisation de son gage qui est en même temps celui des autres créanciers ; peut-être la saisie touché à sa fin, peut-être même l'adjudication a été prononcée, et l'acheteur, en transcrivant son contrat avant que l'adjudicataire ait pu transcrire le sien, et un contrat qu'il a eu le tort de tenir dans l'obscurité pendant tout le cours de la procédure, pourrait faire tomber la saisie ! Le saisissant croit tenir son gage, non ; il n'a pas songé au droit sacré de l'acheteur : celui-ci survient, produit son titre ; le voilà chassé, ruiné peut-être !

De ce principe que, pour opposer le défaut de transcription, il faut avoir un droit sur l'immeuble, résulte cette autre conséquence que l'acheteur pourrait, indépendamment de toute transcription, revendiquer avec succès contre un tiers usurpateur.

Ce principe ne souffre-t-il pas d'exception? N'y a-t-il pas un tiers qui, bien qu'invoquant un droit sur l'immeuble, ne pourrait pas cependant se prévaloir du défaut de transcription? Un donataire pourrait-il se prévaloir du défaut de publicité d'une vente antérieure? M. Troplong soutient la négative. Il part de l'idée que le donataire ne peut opposer l'omission de notre formalité à un donataire antérieur, *a fortiori,* dit-il, à un acheteur antérieur (1).

Sans doute, entre deux contendants dont l'un *certat de lucro,* tandis que l'autre *certat de damno vitando,* on aurait pu vider le litige en faveur du second, distinguer entre le titre onéreux et le titre gratuit, mais le législateur n'a pas fait cette distinction, les termes généraux et absolus de l'art. 3 y résistent énergiquement (2). M. Troplong objecte que l'acheteur aurait toujours l'action Paulienne contre le donataire pour faire tomber une donation faite en fraude de ses droits. Quoi! s'écrie l'éminent jurisconsulte, le vendeur, après avoir engagé sa foi par la vente, après avoir promis garantie, irait donner à un tiers la chose vendue, et l'on ne verrait pas là la fraude caractérisée qui, sans s'inquiéter de la complicité du donataire, fait crouler la donation entre ses mains! Que gagnerait-il donc à opposer le défaut de transcription? Victorieux de ce

---

(1) Ce point de départ est inexact, comme je le montrerai plus loin.

(2) M. Bugnet, à son cours.

côté, il serait vaincu par l'action Paulienne. Je réponds d'abord que ce procédé subsidiaire ferait lui-même défaut, dans le cas où la donation aurait été consentie par l'héritier du vendeur dans l'ignorance de la vente; il est certain qu'alors il n'y aurait pas de fraude caractérisée; et puis, s'il est vrai que les créanciers peuvent faire tomber une donation faite en fraude de leurs droits, sans qu'ils soient obligés de prouver la complicité du donataire, cela ne peut se dire des constitutions dotales. La jurisprudence reconnaît à la donation *dotis causa* le caractère d'acte à titre onéreux, non-seulement au regard du mari, mais encore au regard de la femme, et n'admet l'action Paulienne qu'autant que les créanciers prouvent la complicité soit du mari, soit même de la femme. D'un autre côté, la donation ne serait réputée faite en fraude des droits de l'acheteur que si : 1° le donateur a créé ou augmenté son insolvabilité par suite de la libéralité qu'il a faite; 2° si cette insolvabilité existait dès l'époque où la donation a eu lieu.

Au surplus, admettons pour un instant le procédé d'argumentation de M. Troplong, mais il serait tout aussi bon contre un acquéreur à titre onéreux, dans le cas où l'on prouverait qu'il a connu la vente antérieure; car lui aussi, à ce compte-là, a acquis en fraude des droits du premier acheteur; mais précisément la connaissance de la transmission de la propriété ne peut résulter pour les tiers que de la transcription elle-même.

2° *Que l'on ait conservé son droit en se conformant aux lois :* Ce qui exclut les légataires particuliers, puisque le legs n'est pas un titre soumis à transcription. Ajoutez que l'acheteur est au moins un créancier, indépendamment de la transcription; or les créanciers passent avant les légataires.

Ici se présente une question débattue, diversement résolue par les auteurs : lorsqu'on a acheté un immeuble d'une personne qui elle-même n'avait pas fait transcrire son titre, est-on en règle avec la loi si on se contente de faire revêtir de la transcription le titre dont on est porteur, ou bien doit-on publier tous les contrats antérieurs qui n'ont pas été transcrits? Cette question s'était déjà élevée sous l'empire du Code, au point de vue de la purge des hypothèques. Sous l'empire de la loi nouvelle, la question se présente sous une autre face, au point de vue de la transmission de la propriété. Paul vend son immeuble à P., qui ne fait pas transcrire; P. le vend à S., qui transcrit seulement son propre contrat; sur ces entrefaites, Paul, vendeur originaire, vend une seconde fois le même immeuble à T., qui fait transcrire après S. Lequel l'emportera de T. ou de S.? En faveur de S., on peut argumenter ainsi : D'après l'article 3, ceux-là peuvent opposer le défaut de transcription qui ont des droits sur l'immeuble et les ont conservés en se conformant aux lois; or, d'une part, S. a des droits sur l'immeuble que lui a transmis P., et, d'autre part, il a conservé son droit en se conformant à la loi, priorité de transcription, partant priorité de droit; voilà le principe, voilà la règle. Comment! vous iriez imposer à S. l'obligation de transcrire et son propre contrat et celui de Paul à P., et cela en dehors d'un texte formel!

Pour moi, je comprends parfaitement qu'entre deux acquéreurs, tous deux ayants cause de la même personne, la préférence se détermine par la priorité des transcriptions, le résultat est nécessaire et inévitable;

celui qui s'est mis le premier en règle est investi de son droit à l'égard des tiers, l'autre arrive trop tard. Mais le principe posé en l'article 3 doit-il s'appliquer entre personnes qui tiennent leur droit d'auteurs différents? Je ne le crois pas. T. pourra tenir ce langage à S. : Vous êtes au lieu et place de P., aussi vous ne pouvez avoir plus de droits que lui; or, P. n'avait qu'une propriété relative, son vendeur n'était pas dessaisi au regard des tiers, et je suis de ce nombre; donc, vous aussi, vous n'avez qu'une propriété relative; il est impossible d'admettre que, par le seul effet de la revente consentie à votre profit, et de la transcription de cette revente, le titre de P. ait été affranchi de la formalité de la transcription, à laquelle l'article 1er de la loi du 23 mars 1855, qui pose le principe de la matière, soumet tous les actes translatifs de propriété immobilière; et, ne l'oubliez pas, l'article 3 est la sanction de l'article 1er. D'ailleurs j'ai demandé au conservateur, avant de traiter avec Pierre, si ce dernier avait déjà aliéné; le conservateur, après avoir vainement cherché au répertoire, sous le nom de Pierre, si une mutation avait fait sortir l'immeuble de son patrimoine, m'a répondu par un certificat négatif de transcription; eh bien, alors n'ai-je pas eu tout motif de croire que Pierre, mon vendeur, était encore propriétaire?

Cette observation est, pour mon compte, décisive au point de vue de la pratique. Remarquons en effet que les propriétaires et non les immeubles ont des comptes ouverts au bureau des hypothèques. En vérité, les tiers ne peuvent être victimes de la confiance qu'ils accordent à une personne qui a toutes les apparences de la propriété.

Lorsque la première vente est mentionnée dans la

seconde, la question est plus délicate. Tout à l'heure, dira-t-on, la chaîne des mutations était brisée, maintenant elle est renouée, l'anneau qui manquait a été rattaché. En conséquence, le conservateur qui a opéré la transcription de la deuxième vente peut et doit détacher de l'acte où elle est décrite les clauses relatives à la première vente et en former la base d'un compte ouvert à la charge de Pierre. Mais quel est le texte de loi qui impose au conservateur des hypothèques une pareille obligation ? On le chercherait vainement; les conservateurs ne sont tenus d'indiquer au répertoire, et n'indiquent en effet dans la pratique, que les noms des parties qui ont figuré dans l'acte transcrit, et ne doivent y mentionner ceux des personnes qui sont rappelées dans cet acte comme ayant été précédemment investies de la propriété.

3° Que l'on ait acquis et conservé le droit avant la transcription de l'acte que l'on veut repousser. Ainsi, entre deux acheteurs successifs d'un même immeuble, la préférence est assurée à celui qui a le premier transcrit; de même, dans notre opinion, si le conflit s'élève entre un créancier saisissant et un acheteur, celui-là l'emportera qui aura le premier publié son droit; la loi du 23 mars 1855 organise un steeple-chase, qu'on me passe l'expression : à celui qui aura le premier touché le bureau des hypothèques, le prix de la course !

On répond qu'il en était de même avant la loi nouvelle; entre deux acquéreurs successifs d'un même immeuble, celui qui le premier avait fait enregistrer son contrat n'était-il pas préféré à ses rivaux ? Si vous encourez des déchéances, c'est votre faute : *vigilantibus jura subveniunt.* Pour éviter toute surprise, l'acheteur prudent ne payera son prix que lorsqu'il aura obtenu du conservateur un certificat constatant qu'il n'y a pas de transcription autre que la sienne.

Avant de terminer, encore quelques observations. Les tiers qui se prévaudront du défaut de transcription pourront quelquefois être repoussés par des fins de non-recevoir; ainsi, d'abord, il est évident que le défaut de transcription ne saurait être opposé par ceux qui sont chargés d'y faire procéder; cette décision, donnée par le C. Nap. pour la transcription des donations, doit être, par identité de motifs, étendue à toute transcription ordonnée par la loi nouvelle. Il faudrait écarter également les successeurs universels de ces administrateurs du patrimoine d'autrui, chargés en cette qualité de faire opérer la transcription dans l'intérêt des personnes dont ils administrent les biens. En ce qui concerne leurs successeurs particuliers, faut-il les exclure de la faculté de se prévaloir de l'omission de notre formalité? La négative paraît très-fondée, car ne sont-ils pas des tiers dont parle l'art. 3 ? Et si on nous objecte l'art. 941, qui, malheureusement, sous le terme d'ayants cause, comprend les ayants cause particuliers, nous répondrons qu'il édicte une disposition exorbitante, contraire aux principes généraux du droit, et qu'en conséquence on ne doit pas l'étendre d'un cas à un autre.

La simple connaissance de l'aliénation ne saurait être opposée comme une fin de non-recevoir à l'acquéreur qui, connaissant cette aliénation, a opéré la transcription; la Cour de cassation l'a jugé ainsi le 3 thermidor an XIII, par application de la loi de brumaire : « On ne peut pas accuser de la fraude, dit la Cour en cet arrêt, celui qui achète un immeuble qu'il avait pu savoir déjà vendu à un autre tant que cette première vente n'est pas transcrite, et, conséquemment, qu'il n'y a pas eu translation de propriété; car il n'y a pas fraude à profiter d'un avantage offert par la loi, et c'est au premier acquéreur à s'imputer lui-même s'il n'a pas usé d'une égale diligence pour faire transcrire son acte. » J'invoquerai dans le même sens l'art. 1071; le silence gardé par le législateur de 1855 sur ce point doit faire présumer qu'il a adopté le principe de cet article. Toutefois, si une fraude avait été concertée entre le vendeur et l'acheteur à l'effet de dépouiller le premier, dans ce cas, comme le dit M. Troplong, il serait impossible de laisser la transcription couvrir un acte de la plus insigne mauvaise foi. C'est ce qui a été déclaré dans l'exposé des motifs par M. Suin : « Il est » de principe que, s'il avait été fait par le même proprié- » taire deux ou plusieurs aliénations du même immeuble » ou du même droit réel, celle qui aurait été transcrite » la première exclurait toutes les autres, à moins que » celui qui a le premier rempli cette formalité n'ait » participé à la fraude. » Ces dernières expressions doivent être interprétées d'une manière très-étroite; on ne prendra en considération que les fraudes manifestes concertées entre le vendeur et celui qui aura transcrit.

Que décider au cas de concours de transcriptions effectuées le même jour? C'est un cas assez extraordinaire que celui de deux ventes du même immeuble faites successivement par le même à deux acquéreurs différents, lesquels ont précisément transcrit le même jour; cependant, si le cas se présentait, il semble que la préférence devrait se déterminer d'après l'ordre dans lequel les pièces remises par les parties ont été inscrites sur le registre des dépôts tenu par le conservateur, conformément à l'art. 2200. La même règle doit être appliquée au cas de concours d'une transcription et d'une inscription effectuées le même jour. En Grèce, il y a sur ce point une disposition spéciale dans la loi du 29 octobre 1856; aux termes de l'art. 7, en cas de plusieurs transcriptions faites le même jour pour des droits relatifs aux mêmes immeubles, la préférence est acquise à la transcription du titre le plus ancien.

Dispositions spéciales relatives aux baux.

§ Iᵉʳ.

On sait que la faculté accordée au preneur, sous l'empire du C. Nap., d'opposer un bail de longue durée aux tiers acquéreurs de l'immeuble loué ou affermé n'était pas sans inconvénients. La loi de 1855 a remédié à cet état de choses, en décidant que les baux non transcrits ne peuvent être opposés aux tiers pour une durée de plus de dix-huit ans.

À partir de quelle époque comptera-t-on ces dix-huit ans? M. Duclos posa la question au sein du Corps législatif dans le cours de la discussion, la solution ne lui fut pas donnée. Trois opinions se sont produites sur ce point : la première, qui fait courir les dix-huit ans du jour où l'acquéreur a fait transcrire, la seconde de la date même du contrat de vente, enfin la troisième ne permet à l'acquéreur que d'achever la période de dix-huit ans dans laquelle il se trouve au moment de la transcription de la vente (art. 1429 du Code Nap., arg. d'analogie). Quant à moi, j'incline à suivre cette opinion, à raison précisément de l'analogie qui existe entre le point qui nous occupe et celui réglé par l'art. 1429 du Code Nap. La loi belge, qui soumet à la transcription les baux excédant neuf années, renvoie à l'art. 1429. (Art. 1er.)

Lorsque le bail a été transcrit, il est opposable pour toute sa durée, alors même qu'elle excéderait dix-huit ans. On s'est demandé si cette règle est applicable aux baux consentis depuis la vente et transcrits avant qu'elle le soit elle-même. Des auteurs soutiennent la négative : le preneur, disent-ils, est sans qualité pour opposer à l'acquéreur le défaut de transcription, car il n'a qu'un droit personnel; dès lors, la question doit être résolue d'après les principes ordinaires. Mais précisément, à mon sens, il ne s'agit nullement ici de savoir si le preneur a un droit personnel ou un droit réel, et je crois que ce droit est personnel (1). L'article 3 accorde la faculté de se prévaloir du défaut de transcription, non pas seulement aux tiers qui ont des *droits réels* sur l'immeuble, mais aux tiers qui ont des droits sur l'immeuble de quelque nature que soient ces droits. Or le législateur de 1855 assimile les baux de plus de dix-huit ans aux actes translatifs ou constitutifs de droits réels immobiliers; donc il a conféré aux preneurs pour plus de dix-huit ans, qui se sont conformés aux dispositions de la loi, la faculté d'exciper, en qualité de tiers, du défaut de transcription. L'intention du législateur à cet égard s'est manifestée dans la discussion même; en effet, M. Rouher propose de retrancher le mot réel, et de dire d'une manière plus générale : les tiers qui ont des droits sur l'immeuble, parce que l'ar-

---

(1) La loi, dit M. de Belleyme en son rapport, a dû assujettir à la transcription tous les actes qui, sans constituer des droits réels, imposent cependant à la propriété des charges qui sont de nature à en altérer sensiblement la valeur. Tels sont les baux à long terme.

ticle 2 contenait des droits qui peuvent n'être que personnels, ce qui s'entendait évidemment des baux ayant
une durée de plus de dix-huit ans.

§ II.

Sous l'empire du Code Napoléon, l'acquéreur devait
subir les payements de loyers et fermages que le preneur avait pu faire par anticipation, et dont il existait
des quittances avec date certaine. Les cessions de loyers
ou de fermages lui étaient également opposables. L'article 2, § 5, décide que ces payements anticipés, ces cessions ne pourront avoir d'effet à l'égard des tiers qu'autant qu'elles auront été révélées par la transcription,
lorsque la quittance ou la cession est d'une somme équivalente à trois années de loyers ou fermages non
échus.

TROISIÈME PARTIE.

TRANSMISSION A TITRE GRATUIT.

Nous arrivons maintenant à la transmission à titre
gratuit.de la propriété foncière. Avant d'entamer l'explication des textes eux-mêmes, nous pensons qu'il ne
sera pas inutile de recourir aux origines historiques;
elles jetteront en effet une vive lumière sur la matière.
Le Code Napoléon n'est pas sorti en un seul jour, comme
par enchantement, du cerveau du législateur de 1804,
il est le résultat de l'œuvre patiente et laborieuse des
siècles; en conséquence, remonter le sillon des âges
passés, suivre pas à pas les phases successives, les pro-

grès et le développement de la législation, en faire, en un mot, la biographie, c'est un devoir pour quiconque veut arriver à la découverte de la vérité, et c'est là aussi pour lui, le dirai-je, la source des jouissances les plus vives et les plus pures.

CHAPITRE PREMIER.

DONATIONS.

§ 1er. *Historique.*

Le droit romain n'établit que fort tard des formes particulières pour la donation. La transmission de la propriété s'opérait à ce titre comme aux autres par la mancipation, la *cessio in jure*, et la simple tradition pour les choses *nec mancipi*. Avec les empereurs chrétiens fut introduit un nouveau principe. Constantin nous apprend que son père Constance Chlore avait disposé qu'aucune donation ne serait valable, si elle n'avait été constatée par un acte déposé dans les archives publiques, si elle n'avait été insinuée. Constantin régularisa l'insinuation par des règlements nouveaux, et dans le dernier état du droit, Justinien décida que toute donation dont l'objet dépasserait 500 écus d'or serait soumise à la formalité de l'insinuation, sauf quelques exceptions. Ce qu'il faut surtout remarquer, c'est que l'insinuation était, en droit romain, une forme intrinsèque, essentielle à la validité même de la donation, en sorte qu'à défaut d'insinuation la donation était nulle pour tout ce qui excédait les 500 solides, et que la nullité pouvait être proposée par le donateur lui-même. (Arg. C. 36, p. C. J. *De don.* — Cujas, *Ad leg. ult. C. De jure dotum.*)

Les monuments de l'époque franque nous présentent des dépôts de donations dans les archives publiques. (V. M. de Rozière, *Recueil de formules*.) Mais on y déposait aussi les actes importants de toute autre nature que l'on voulait conserver. Rien n'annonce le maintien du principe spécial établi, pour les donations, par les constitutions des empereurs chrétiens. Les donations furent soumises aux mêmes formes que les autres transmissions de propriété.

L'ordonnance de François Ier, de 1539, paraît être le premier monument de notre droit national dans lequel il soit fait mention de l'insinuation, et cette formalité y est envisagée comme une condition nécessaire à la validité même de la donation. Art. 132 : « Nous voulons » que toutes donations qui seront faites ci-après, par » et entre nos sujets, soient insinuées et enregistrées en » nos cours et juridictions ordinaires des parties des » choses données; autrement seront réputées nulles, et » ne commenceront à avoir leur effet que du jour de » ladite insinuation. » D'où il suit que la nullité pouvait être proposée par le donateur lui-même.

Ce point fut changé par l'art. 58 de l'ord. de Moulins (1566). Autrement, dit cet article, seront et demeureront lesdites donations nulles et de nul effet, tant en faveur du créancier que de l'héritier du donateur. C'était refuser au donateur la faculté d'opposer le défaut d'insinuation. On peut se demander pourquoi ce régime de la publicité des donations entre-vifs a fait si tardivement son apparition. La réponse nous est donnée par Sallé. (*Esprit des ord.*) « Tant que nous » n'avons reconnu parmi nous d'autre tradition que la » réelle dans les donations, nous n'avons pas eu besoin » d'autres voies pour les rendre publiques que cette

» tradition même. Mais depuis qu'à l'instar du droit
» romain, nous avons admis parmi nous la tradition
» par voie feinte, et que nous l'avons fait marcher de
» pair avec la tradition réelle, depuis qu'il a été permis
» de séparer la propriété d'avec l'usufruit, la porte a
» été ouverte à la fraude et à la mauvaise foi. Un
» homme, en retenant l'usufruit de ce qu'il donnait,
» pouvait facilement donner tout son bien sans qu'il
» parût aucun changement extérieur dans l'état de sa
» fortune.... Il a donc fallu trouver un remède propor-
» tionné à un aussi grand désordre, et ôter, s'il était
» possible, la clandestinité qui faisait le vice de ces tra-
» ditions par voie feinte. »

Enfin la matière fut réglementée d'une manière complète et définitive par l'ord. de 1731. L'insinuation
doit avoir lieu dans le délai de quatre mois, ou de six
mois, lorsqu'il s'agit de biens situés hors du royaume;
faite dans ce délai, elle a un effet rétroactif au jour du
contrat. Le défaut d'insinuation pouvait être opposé
« tant par les tiers acquéreurs et créanciers du dona-
» teur que par ses héritiers, donateurs postérieurs ou
» légataires, et généralement par tous ceux qui y ont
» intérêt, autres néanmoins que le donateur. »

Vint la loi de brumaire, qui, en son art. 26, établit
que nul acte translatif de propriété ne pourrait avoir
d'effet contre les tiers que du jour de sa transcription
au bureau des hypothèques de la situation des biens.
Dès ce moment les donations se trouvèrent soumises à
deux formalités distinctes, *l'insinuation et la transcription*. Le Code Napoléon a supprimé l'insinuation, mais
il a conservé la nécessité de la transcription pour les
biens susceptibles d'hypothèque, art. 939, en ajoutant,
art. 941, que le défaut de transcription pourra être opposé

par toutes personnes ayant intérêt, excepté toutefois celles qui sont chargées de faire faire la transcription, ou leurs ayants cause et le donateur. Quelle a été au juste la pensée du législateur en laissant subsister la transcription, c'est ce que j'aurai à examiner.

SECTION PREMIÈRE.

QUELLES DONATIONS DOIVENT ÊTRE TRANSCRITES?

Doit être transcrit tout acte entre-vifs à titre gratuit translatif de propriété immobilière, que la donation soit pure et simple, à terme ou conditionnelle, ordinaire, rémunératoire ou onéreuse, mutuelle ou réciproque, il n'importe.—Mais que doit-on décider pour l'institution contractuelle? La question est délicate, et il est à regretter que le législateur ne l'ait pas tranchée. Les auteurs sont presque unanimes à soutenir que la transcription n'est pas requise pour l'institution contractuelle. Je ne puis, pour mon compte, adhérer à cette doctrine, et voici les considérations qui m'imposent une conviction en sens contraire : J'écarte tout d'abord l'argument tiré de ce qu'on insinuait l'institution contractuelle dans notre ancienne jurisprudence; aussi bien, les auteurs étaient déjà partagés sur la question, comme on peut le voir dans le Répertoire de Merlin; il serait donc dangereux de se faire un moyen de décision de l'histoire en cette matière.

La transcription, il est vrai, est sans but, sans objet, pour se mettre en garde contre les actes à titre onéreux, mais elle semble bien être utile pour lutter avec succès contre un tiers à qui un immeuble compris dans l'institution aurait été donné postérieurement par l'instituant et qui du reste aurait révélé son droit. Si au décès de l'instituant, les héritiers aliènent un immeuble qui fait partie de la donation de biens à venir, l'institué pourra-t-il les revendiquer contre les acquéreurs qui, après avoir publié leur contrat, argumenteront du défaut de transcription ? Je ne le crois pas. Au surplus, si le légataire n'a pas été soumis à l'obligation de transcrire le testament, c'est qu'il a pu ignorer son existence ; or, l'institué contractuel, lui, ignore-t-il son titre ? Cela ne se peut, il a été partie active à l'acte de donation, il doit donc le faire connaître, afin de p évenir les surprises et les mécomptes. On oppose à ce système des difficultés pratiques d'exécution ; que transcrire ? où transcrire ? Mais elles seront de même nature que celles que peut éprouver un créancier à hypothèque générale pour s'inscrire.

On devra transcrire également une donation de biens présents entre mari et femme. Cette donation est une véritable donation entre-vifs soumise seulement à la condition résolutoire de la révocation. Telle est, du moins à mon gré, la vérité juridique qui sert à éclairer toutes les questions d'application qui se sont élevées sur cette matière ; sans doute, l'époux donateur pourra tout aussi bien avant qu'après la transcription aliéner l'immeuble par lui donné à son époux, le grever de charges d'hypothèques ; mais ses créanciers chirographaires, est-ce qu'il serait possible de les empêcher de faire saisir et vendre l'immeuble donné, tant que la transcription de la donation n'a pas à leur égard déplacé la propriété ? Non, certainement, on ne le peut pas ; il est en effet généralement reconnu sur l'art. 941 qu'ils peuvent argumenter du défaut de transcription, et d'ailleurs le conjoint donateur, par cela seul qu'il aurait contracté des obligations personnelles, ne saurait être présumé avoir voulu révoquer sa libéralité. Voilà un premier intérêt que présentait la transcription avant la loi de 1855 ; en voici un second qui était incontestable ; elle arrêtait le cours des inscriptions des hypothèques légales ou judiciaires du chef du donateur.

Aujourd'hui, avec la loi nouvelle, elle prend un intérêt qui mérite d'être remarqué : d'après l'art. 6, les créanciers sont, en général, déchus du droit de s'inscrire après la transcription, et par suite déchus du bénéfice de leur privilége ou de leur hypothèque ; la transcription sera donc utile à l'époux donataire pour arrêter le cours des inscriptions sur l'immeuble à lui donné, et c'est là, entre autres, un exemple de l'influence que la loi de 1855, en dépit de l'art. 11, est appelée à exercer sur la matière des donations.

La donation entre-vifs, par laquelle un ascendant fait un partage de biens entre ses enfants, doit être soumise à la nécessité de la publicité ; aux termes de l'art. 1076, elle doit être faite avec les formalités, conditions et règles prescrites pour les donations entre-vifs, or la transcription est une de ces formalités, donc....

J'en dirai autant de la donation déguisée sous le voile d'un contrat à titre onéreux, d'une vente, par exemple : seulement il faut remarquer que, dans le système de la jurisprudence (1), la transcription de la donation devra être opérée non pas en vertu de l'art. 939 du C. Nap., mais bien en vertu de l'art. 1 de la loi du 23 mars 1855, et ceci offre un intérêt pratique très-important ; car le cercle des personnes qui peuvent

____

(1) On sait que la jurisprudence reconnaît la validité des donations déguisées sous le voile d'un contrat à titre onéreux (Cass., 1859, 1860, 1861, 1862).

opposer le défaut de transcription d'une aliénation à titre onéreux est plus restreint que celui des personnes auxquelles l'art. 941, relatif aux donations, permet de se plaindre de l'inobservation de cette formalité.

SECTION DEUXIÈME.

QUELLES PERSONNES PEUVENT OU NE PEUVENT PAS OPPOSER LE DÉFAUT DE TRANSCRIPTION?

L'art. 941 dispose : le défaut de transcription pourra être opposé par toute personne ayant intérêt, excepté toutefois celles qui sont chargées de faire faire la transcription, leur ayants cause et le donateur. Tout d'abord, quelles sont les personnes qui peuvent opposer le défaut de transcription? La réponse est celle-ci : toutes celles qui ont intérêt à soutenir que la donation est, en ce qui concerne leurs intérêts pécuniaires, nulle et non avenue; que le bien donné est encore dans le patrimoine du donateur. Qu'il faille placer au premier rang des intéressés les acquéreurs à titre onéreux, et les créanciers hypothécaires, personne ne le conteste. On comprend encore sans difficulté dans la règle ceux qui auraient acquis sur l'immeuble donné un droit réel; mais faut-il comprendre également les héritiers, un second donataire à titre particulier, les créanciers chirographaires, un légataire à titre particulier du donateur? Sur tous ces points s'élèvent des controverses.

Les héritiers du donateur peuvent-ils opposer le défaut de transcription? La question, comme on sait, fut vivement controversée dans les premiers temps de la publication du Code; vint un jour où l'habile et vigoureux logicien, Merlin, soutint la négative; il invoqua l'art. 1072 du Code civil, et la loi de brumaire an VII, et la Cour de cassation, trop facilement entraî-

née, se rangea à son avis (1). Depuis lors, sa jurisprudence n'a pas varié, les Cours d'appel, les Tribunaux
et la presque unanimité des auteurs l'ont suivie docilement, de telle sorte que M. Demolombe a pu dire que
la doctrine contraire a succombé, et que sa défaite peut
être considérée aujourd'hui comme définitive !

Nos adversaires ont donc de bien puissants arguments, puisqu'ils ont pour eux et une jurisprudence
constante et les auteurs les plus accrédités ! Est-ce
l'argument tiré de l'art. 1072, aux termes duquel les
héritiers légitimes de celui qui aura fait la disposition
ne pourront opposer le défaut de transcription ? Certes
non, il n'y a rien de commun entre l'art. 941 et
l'art. 1072; le premier réglemente la publicité des
donations, le second celle des substitutions. La transcription de l'art. 1072 a été organisée dans l'intérêt des
appelés, et contre le grevé; le législateur a voulu que
les tiers fussent avertis que les biens donnés au grevé
ne lui appartenaient pas d'une manière irrévocable;
au contraire, la transcription de l'art. 941 est dans
l'intérêt du donataire et contre le donateur; en d'autres
termes, tandis que l'une diminue le crédit du grevé
donataire, et consolide celui des appelés, l'autre augmente le crédit du donataire, et fait que les tiers se
mettent en garde contre le donateur. Nous n'hésitons
pas à le dire, Merlin a commis une erreur, et la religion
de la Cour de cassation a été surprise, l'art. 1072 est
complétement étranger au point qui nous occupe (2).

Invoquera-t-on encore avec Merlin la loi de brumaire
an VII? Mais tout homme de bonne foi qui comparera
l'article 26 de cette loi avec l'article 941, demeurera

---

(1) Cass., rej., 12 déc. 1810, rendu sur les conclusions de Merlin.
(2) Besançon, 6 juin 1851.

convaincu que la théorie est tout à fait différente; en effet, voici le texte de l'article 26 : Les actes translatifs de biens et droits susceptibles d'hypothèque doivent être transcrits. Jusque-là ils ne peuvent être *opposés aux tiers qui ont contracté avec le vendeur.* Tel n'est pas celui de l'article 941, *tous ceux qui ont intérêt,* la formule est bien autrement générale et compréhensive. Pour nous, la transcription exigée par l'article 939 pour les biens susceptibles d'hypothèque, remplace l'insinuation avec la même nature et les mêmes effets.

Venons à des arguments plus sérieux : d'après l'article 938, objecte-t-on, la donation dûment acceptée est parfaite entre le donateur et le donataire; et le donateur, en effet, ne peut opposer le défaut de transcription; or l'héritier du donateur, c'est le donateur lui-même, donc..., etc. Ce syllogisme a paru inexpugnable, car il repose sur l'une des règles les plus fondamentales du droit civil, et l'exorbitante exception que l'on prétend y introduire ne pourrait être admise qu'en vertu du texte même de la loi. Nous répondons qu'il est des cas, des cas rares il est vrai, où les héritiers ont plus de droit que leur auteur, et précisément, dans le titre des donations, ne voyons-nous pas que les héritiers réservataires peuvent demander la réduction des libéralités que le *de cujus* a faites au delà de la quotité disponible; et cependant le donateur n'a jamais eu ce droit!

Si le droit d'opposer le défaut de transcription n'est pas accordé explicitement aux héritiers, il leur est accordé tout au moins implicitement. Le législateur établit une règle et des exceptions : s'ils ne sont pas dans les exceptions, c'est qu'ils sont compris dans la règle. Le rédacteur de l'article 941 devait avoir soin d'exclure les héritiers de sa formule générale et compréhensive, et son silence nous paraît des plus significatifs. En effet, qu'on y réfléchisse bien, il avait en présence une série de législations qui donnaient à l'héritier la faculté d'opposer la nullité de la donation pour défaut de publicité : c'était d'abord le droit romain qui avait introduit l'insinuation précisément dans leur intérêt (1), puis en notre ancienne jurisprudence, l'ordonnance de 1566 et celle de 1731. L'ordonnance de Moulins avait décidé nettement qu'à défaut *de ladite insinuation seraient et demeureraient les donations nulles tant pour le regard du créancier que de l'héritier du donateur.* Quelque peu équivoque que fût cette disposition, soit les auteurs, soit la jurisprudence, eurent des scrupules; eux aussi, ils se demandèrent comment l'héritier pouvait avoir plus de droit que son auteur; c'étaient Coquille, Basnage, Bacquet, Ricard; j'en passe et des meilleurs. Voici ce que nous lisons dans Basnage, en son commentaire de la *Coutume de Normandie :* « L'on n'a pas laissé de douter longtemps » en ce parlement, si les héritiers étaient recevables à » proposer cette nullité, mais enfin il a été jugé plu- » sieurs fois suivant l'ordonnance que l'insinuation » était requise tant à l'égard des créanciers comme des » héritiers. » Les parlements de Bordeaux et de Toulouse résistèrent au texte formel de l'ordonnance de 1566 jusqu'à celle de 1731 (2).

Les législateurs anciens ont eu pour but de protéger non-seulement les tiers, mais encore et surtout les héritiers; le défaut de la connaissance de la donation,

---

(1) En droit romain, la nullité pouvait être proposée par le donateur lui-même.

2) Sallé, *Esprit des ordonnances de Louis XV.*

comme dit Pothier, les a peut-être engagés à accepter
une succession onéreuse, dans laquelle ils croyaient
compris les biens que le défunt a donnés. Guy Coquille
écrivait, au seizième siècle, sur la Coutume de Nivernais : « Et de vray l'héritier a intérest d'être averty s'il
» y a des donations, car, en se disant héritier, il mêle
» ses propres biens avec les biens héréditaires, et partant
» a intérest de savoir ce qui est en l'hérédité, et ce qui a
» été distrait par le défunt en donnant de ses biens. »
Le législateur moderne a dû s'inspirer des mêmes idées
d'équité; la formule générale de l'article 941 est, encore
un coup, très-favorable à notre système.

Si les héritiers ne peuvent opposer le défaut de transcription, ils seront obligés d'exécuter la donation, de
payer les dettes peut-être très-considérables de la succession, sans espoir de se faire restituer contre leur
acceptation; l'article 783 leur refuse ce droit. Que je
sois ruiné par la découverte d'un legs ou par la découverte d'une donation, n'est-ce pas absolument la même
chose? ne dois-je pas être protégé dans les deux cas,
surtout quand il m'a été impossible d'éviter ma ruine?
On répond, que si le législateur s'était préoccupé de
l'intérêt des héritiers du donateur, il aurait dû les protéger aussi bien contre les donations de meubles que
contre les donations d'immeubles.

Eh bien ! nous soupçonnons fort les rédacteurs de n'a-
voir pas pensé qu'en substituant à l'insinuation la formalité de la transcription applicable seulement aux donations immobilières, ils laissaient sans défense l'héritier
contre la découverte d'une donation mobilière; il y a plus
d'une lacune dans le Code, et c'en est là une. Quoi! vous
avez sous les yeux deux malheureux; et, parce qu'il
vous est impossible de tendre une main secourable à l'un,

vous abandonnez l'autre, et cela avec tous les moyens de les sauver. L'art. 941 est son salut, nos adversaires le lui refusent.

Enfin, voici venir une dernière objection, et c'est, à notre sens, la plus grave : « On n'a pas reproduit la dernière partie de l'art. 27 de l'ordonnance ainsi conçue » ; « Et la disposition du présent article aura lieu, » encore que le donateur se fût chargé expressément » de faire insinuer la donation, à peine de tous dépens, » dommages-intérêts ; laquelle clause sera regardée » comme nulle et non-avenue ». « Cette partie, dit-on, » n'a pas été conservée en notre article 941, parce » qu'elle n'était que la sanction d'une règle qui n'a pas » été conservée elle-même. Ainsi, rien ne ferait obstacle » à ce que le donateur s'obligeât à faire transcrire la » donation sous peine de tous dépens, dommages inté- » rêts, et ses héritiers seraient en conséquence tenus » comme lui de cette obligation subsidiaire. »

Nous croyons fermement que cette sanction n'a pas disparu à dessein de l'art. 941 ; les rédacteurs, ayant sous les yeux l'ordonnance et Pothier qui la commentait, n'ont fait, comme ils l'ont fait d'ailleurs tant de fois dans le chapitre IV du titre des donations entre-vifs et des testaments, qu'abréger un texte très-explicite ; et si, par un heureux revirement, la jurisprudence adoptait notre doctrine, elle serait dans la nécessité de faire impitoyablement la guerre à une pareille clause.

En résumé, suivant nous, décider que les héritiers du donateur sont non-recevables à opposer le défaut de tran-scription, c'est rompre avec les traditions du passé, ne pas tenir compte du texte absolu de l'art. 941, méconnaître enfin la pensée du législateur, toujours si sagement protectrice des intérêts sacrés de la famille.

Le donataire particulier peut-il opposer le défaut de transcription? Non, disent quelques jurisconsultes. En effet, le rapport de M. Jaubert au Tribunat limite aux seuls créanciers et tiers acquéreurs à titre onéreux, le droit de se prévaloir du défaut de transcription ; voici, en effet, comment il s'exprime : « Le défaut de trans-
» cription peut être opposé par toute personne ayant
» intérêt. Il n'y a d'exception que pour celles qui sont
» chargées de faire faire la transcription , leurs ayants
» cause et le donateur, ce qui comprend nécessaire-
» ment les donataires postérieurs. (Locré, lég. XI,
457-44.) » Ils ajoutent que les articles du Code relatifs à la transcription des donations entre-vifs doivent être interprétés par les art. 1070, 1072, qui refusent expressément au donataire le droit d'opposer le défaut de transcription (1). Nonobstant ces arguments, je n'hésite pas à me prononcer en sens contraire. Ici, comme à propos des héritiers du donateur, j'invoque la généralité des termes de la loi; tous ceux qui ont intérêt; or le donataire est de ce nombre, ce me semble. On objecte les paroles de M. Jaubert; mais elles ne sont que l'expression d'une opinion individuelle, et cette opinion paraît être erronée. Admettons même pour un instant que les rédacteurs aient voulu appliquer complétement à la matière le système de la loi de brumaire an vii; mais on ne peut douter, c'est Merlin qui parle (*Quest. de droit, Transc.*, § 6, n° 3), que la loi de brumaire elle-même n'entendît préférer un second donataire dont le titre serait transcrit, à un premier donataire qui ne se serait pas mis en règle. Quant à l'argument tiré de l'article 1072, il a été réfuté plus haut. La disposi-

____

(1) Besançon, 6 juin 1854; § 54, II, 721.

tion de cet article est d'une nature tout exception-
nelle, comme nous le démontrerons en son lieu; elle
est fondée sur l'intérêt si digne de protection des appelés à substitution.

En ce qui concerne les créanciers chirographaires, je
les admettrai également à opposer le défaut de transcription. Le syllogisme est pour moi sans réplique;
tous ceux qui ont intérêt peuvent exciper du défaut
de publicité; or l'intérêt existe pour eux, donc, etc...
Cet intérêt se présentera lorsqu'ils auront frappé de
saisie l'immeuble donné, ou les fruits de cet immeuble
(art. 678, 686, Code de Pr.). En vain, on nous oppo-
serait qu'ils ont suivi la foi de leur débiteur; mais c'est
précisément parce qu'ils ont suivi sa foi, qu'ils ne doivent pas être victimes de la confiance qu'ils lui ont
accordée. L'ancien droit les protégeait, pourquoi le
nouveau les aurait-il abandonnés? Aussi la Cour de
cassation a très-bien décidé, suivant moi, qu'il suffit
que les créanciers chirographaires justifient d'un intérêt
à se prévaloir du défaut de transcription pour pouvoir
user du droit que consacre l'art. 941 (1). Oui, l'intérêt,
voilà la base et la mesure du droit que le législateur
édicte...

Je comprendrai également dans la classe des parties intéressées, le légataire particulier (2). Je sais bien
qu'on peut m'objecter que le donataire est tout au
moins un créancier du donateur, à raison de l'obligation de garantie dont celui-ci est tenu envers lui, lorsque par son fait il a porté lui-même atteinte à la
donation; partant qu'en cette seule qualité il doit pas-

---

(1) 23 nov. 1859; Dev., 1861, I, 85 (Cass., 7 avril 1811).

(2) Je suppose, bien entendu, que le testament invoqué par le
légataire est postérieur à la donation.

ser avant le légataire. (Dem., IV, 82. -- Demol., *Don.*,
III. — Massé et Vergé, III, 222.) L'argument me touche
quelque peu, sans doute, mais en vérité puis-je l'admettre en présence des termes absolus de l'article 941 ?
Me sera-t-il permis de répondre à ceux qui excluent
le légataire de la faculté d'opposer le défaut de transcription? Il est un point incontestable en l'ancien
droit, c'est que les créanciers primaient les légataires.
Le législateur de 1731 connaissait apparemment ce
principe, et cependant, en dépit de sa valeur, il comprend sous sa formule les légataires; de plus, Pothier,
Furgole, Sallé, dans leurs commentaires, laissent passer la décision sans même faire une observation critique. Pourquoi aujourd'hui, avec le même principe,
verrais-je une contradiction, là où il n'y en avait pas
autrefois? J'ajouterai que, si le donataire est un créancier, c'est au moins un créancier *sui generis,* que, lut-
tant pour gagner, il mérite moins d'égards que le
créancier dans le sens propre du mot, qui veut éviter
une perte; il devait porter son droit à la connaissance
des tiers, il ne l'a pas fait : « *Qui damnum sua culpa
sentit, sentire non videtur.* »

Quelles sont les personnes qui ne peuvent opposer le
défaut de transcription? J'écarte tout d'abord le donateur; aussi bien n'est-ce pas en ce qui le concerne qu'il
peut s'élever des difficultés, il est garant de l'édiction
qui provient de son fait; or, *quem de evictione tenet actio
eumdem agentem repellit exceptio.* Restent maintenant
les personnes qui sont chargées de faire faire la transcription ou leurs ayants cause; que le mari, adminis-
trateur des biens de sa femme donataire, que le tuteur
d'un mineur ou d'un interdit donataire, etc., ne
puissent exciper du défaut de transcription, cela est

facile à comprendre. En effet, étant responsables de ce défaut, ils ne sauraient eux-mêmes causer le dommage qu'ils auraient à réparer, s'il était causé par un autre. (Pothier, art. 120, *Des formes des donations.*)

En ce qui touche les ayants cause des personnes chargées de faire la transcription, on pénètre bien le motif de la décision du législateur, lorsqu'il s'agit des héritiers, successeurs universels ou à titre universel de ces personnes, mais une même théorie appliquée aux ayants cause particuliers est peu rationnelle; car ces successeurs-là, un acheteur par exemple, ne représentent pas leur auteur, ils ne sont pas tenus de ses obligations personnelles; par conséquent, ils n'ont point succédé à l'obligation d'indemniser le donataire du dommage que lui causerait le défaut de transcription; ne sont-ils pas aussi favorables que ceux qui ont traité avec le donateur lui-même? Mais le texte est formel et exclut clairement toute distinction entre les ayants cause universels et les ayants cause à titre particulier (1).

---

(1) Cette solution, du reste, était déjà consacrée par les art. 30 et 31 de l'ord. de 1731. Furgole essaie de la justifier : « La raison est parce que la femme doit avoir son hypothèque légale pour ce recours du jour de la donation, en vertu de laquelle hypothèque, elle pourrait agir contre les tiers possesseurs des biens de son mari, après avoir discuté les héritiers, et, par conséquent, ceux qui ont droit et cause du mari, même à titre onéreux postérieurement à la donation, ne peuvent pas opposer à la femme le défaut d'insinuation, parce qu'ils en sont eux-mêmes garants suivant la maxime, *quem de erictione*, etc. »

Furgole se trompe; la maxime citée ne saurait être opposée qu'à celui qui est tenu de la garantie. Or le tiers acquéreur d'un immeuble hypothéqué n'est point obligé personnellement, partant il peut opposer au créancier hypothécaire le bénéfice de discussion et celui de la purge.

CHAPITRE DEUXIÈME.

SUBSTITUTIONS.

§ Ier. — *Historique.*

Le principe féodal d'aristocratie foncière avait naturalisé dans l'ancienne France et généralisé les substitutions fidéicommissaires et perpétuelles dont la loi romaine doit, au surplus, revendiquer l'origine. Il s'était formé comme un nouveau genre de succession où la volonté de l'homme prenait la place de la loi. Qu'on se représente au milieu du seizième siècle, avant l'ordonnance de 1560, un testateur, affaissé sur son lit de mort, dictant un testament où il disposait de ses biens pour les siècles à venir, et faisait la loi à une suite indéfinie de générations; il en avait le pouvoir, car la jurisprudence avait fini par autoriser les fidéicommis perpétuels; ainsi, ce législateur de la famille prétendait frapper d'inaliénabilité sa terre en faveur d'une race de son choix et pour un avenir sans terme. On le comprend, une réforme était indispensable, tel fut l'objet des ordonnances de 1560, de 1566 et de 1747; finalement, dans le dernier état de notre ancien droit, on trouve la substitution limitée à deux degrés, l'institution non comprise. Il n'y avait pas seulement à pourvoir à la circulation des biens, il fallait aussi se préoccuper de l'intérêt des tiers qui pourraient traiter avec les grevés sur la foi d'une possession fallacieuse ayant toutes les apparences d'une propriété solide et incommutable, l'inaliénabilité des biens substitués rendait donc nécessaire la publicité des substitutions. Elle fut exigée pour la première fois en France, par une

ordonnance de Henri II (art. 1553), mais cette ordonnance resta sans effet. Bientôt l'obligation de publier
les substitutions fut imposée de nouveau dans l'ordonnance de Moulins (art. 57). Bon nombre de parlements du Midi résistaient; il fallut une nouvelle déclaration pour les forcer à se soumettre. Ce point fut
enfin définitivement réglé dans l'ordonnance de 1747
(tit. II, art. 18). Toutes les substitutions devaient être
publiées en jugement, l'audience tenant, et enregistrées au greffe du tribunal où la publication devait
être faite; communication du registre sur lequel étaient
transcrits les actes contenant substitution, devait être
faite à toute personne sur simple réquisition. Le défaut
de publication pouvait être opposé aux appelés même
mineurs ou interdits, par les acquéreurs ou les créanciers du grevé.

Tel est, en résumé, le droit qui régissait les substitutions avant 1789. Elles avaient soulevé trop de
haines pour ne pas être anéanties dans la tourmente
révolutionnaire. Elles étaient un moyen de contracter
des dettes, et un moyen par trop commode aussi de ne
pas les payer. Si elles permettaient de soutenir l'éclat
des grands noms et de perpétuer l'illustration des
familles puissantes, elles perpétuaient aussi, malheureusement trop souvent, leur déshonneur; des créanciers qui avaient cru traiter avec un riche propriétaire
ne trouvaient à sa mort qu'un homme complétement
insolvable, et chaque génération était marquée par une
honteuse faillite. Les substitutions entravaient la circulation et l'amélioration des biens, et enfin elles étaient
contraires au principe d'égalité qui est le fondement
inébranlable de notre système sur les successions. Aussi
la loi du 14 novembre 1792 les abolit d'une manière

absolue pour toute la France. Les rédacteurs du Code Napoléon, tout en maintenant en principe la prohibition des substitutions, en ont cependant autorisé l'usage au profit de certaines personnes, et dans des limites d'ailleurs très-restreintes (1).

§ II. — *De la transcription des actes contenant une substitution permise.*

Les substitutions faites soit par acte entre-vifs, soit par testament, doivent être rendues publiques, quant aux immeubles grevés de restitution, par la transcription. La conséquence du défaut de transcription est d'autoriser ceux qui peuvent s'en prévaloir à méconnaître la condition résolutoire à laquelle était soumise la propriété grevée. Quelles sont les personnes qui peuvent apporter le défaut de transcription? Ce sont, aux termes de l'article 1070, les créanciers et tiers acquéreurs qui ont traité avec le grevé : sous le nom de créanciers, il faut comprendre les créanciers chirographaires et les créanciers hypothécaires, car la loi ne distingue pas, et, par tiers acquéreurs, il faut entendre les acquéreurs à titre onéreux; l'assimilation faite par la loi des tiers acquéreurs avec les créanciers semble bien autoriser cette solution. Le défaut de transcription ne pourra être suppléé ni regardé comme couvert par la connaissance que les créanciers ou les tiers acquéreurs pourraient avoir eue de la disposition par d'autre

---

(1) 1807, insertion du troisième alinéa de l'art. 896; loi du 17 mai 1826; loi du 12 mai 1835; loi du 7 mai 1849.

Le troisième alinéa de l'art. 896 n'existe plus aujourd'hui; en somme, nous sommes replacés sous l'empire du Code de 1804.

voie que celle de la transcription. Aux termes de l'article 1072, les donataires, légataires ni même les héritiers légitimes du disposant ni pareillement leurs donataires, légataires ou héritiers, ne pourront, en aucun cas, opposer le défaut de transcription. Les auteurs sont loin d'être d'accord sur le sens véritable de cet article. L'article 1072, suivant les uns, n'a trait qu'à la publicité de la donation elle-même, la loi ne distingue pas la transcription pour substitution de la transcription pour donation; il n'y a qu'une seule transcription, identique par sa nature et ses effets!

D'autres, au contraire, ont fort bien mis en relief la nécessité de distinguer la transcription de la donation et celle de la substitution; sans doute il suffit de transcrire une seule fois pour se conformer aux articles 939 et 1069; mais si cette transcription unique a été omise, les effets de l'omission doivent être envisagés soit par rapport à la disposition principale, soit par rapport à la charge de rendre. En effet, il y a deux classes d'intéressés distinctes, les ayants cause du disposant, d'une part, et les ayants cause du grevé, d'autre part; la publicité de la donation est destinée à prévenir les tiers qui voudraient contracter avec le donateur que la chose donnée est sortie de son patrimoine, la publicité de la substitution, au contraire, avertit ceux qui voudraient se mettre en relation d'affaires avec le grevé, que son droit est affecté d'une condition résolutoire. Les articles 941 et suivants s'étant occupés de la transcription de la donation, les articles 1070 et 1072 n'ont dû avoir en vue que la publicité de la clause de restitution. Ces derniers textes ne sont-ils pas d'ailleurs la reproduction presque littérale des articles 32, 34 du titre 2 de l'ordonnance de 1731? Or ceux-ci

n'avaient trait qu'à la publicité de la substitution.
Dans ce système, le législateur a dit une chose inutile,
car il est évident que les ayants cause du disposant
n'ont aucun intérêt à exciper du défaut de publicité
de la substitution. Les rédacteurs ont copié cette disposition en l'article 34 où elle était également inutile,
mais où elle avait été insérée afin de prévenir toute
confusion entre la publicité des donations et celle des
substitutions.

Enfin, dans un troisième système, que, pour ma part,
je n'hésite pas à admettre, on fait un pas de plus. Oui,
dit-on, l'article 1072 n'a entendu parler que du défaut
de transcription de la substitution; mais il ne parle que
des ayants cause du disposant, qui pourraient avoir
intérêt à méconnaître la charge de rendre, et ces
ayants cause sont les *grevés* eux-mêmes. Ce système
s'appuie sur l'interprétation donnée par Thévenot,
Pothier, Sallé, sur l'article 34 de l'ordonnance. Voici
d'abord ce que nous lisons dans Thévenot : « Ni le
» grevé, ni ses représentants ne peuvent opposer le
» défaut de publicité, ils en sont au contraire garants
» envers les appelés. » (*Traité des subst.*, 6, ch. 43,
§ 3.) Pothier (Introd. au titre XVI de la *Cout. d'Orléans*), après avoir parlé des personnes qui ne peuvent
opposer le défaut de publication, ajoute : « Mais il ne
» peut l'être par le grevé. » Sallé n'est pas moins expli-
cite sur ce point : « Les représentants de l'auteur de
» la substitution, comme légataires, héritiers institués
» ou donataires, y sont d'autant moins recevables, que,
» l'obligation de remplir cette formalité leur étant
» imposée par la loi, on ne peut jamais les admettre à se
» faire un moyen contre les appelés de leur propre
» faute. Des arrêtistes, et des meilleurs, rapportaient

— 161 —

» nombro d'arrêts en co sens (1). » La prouve que cette
manière d'entendre l'article est la soule vraio, ressort
de la comparaison des articles 18 et 34 de l'ordonnauce
avec les articles 1069 et 1072 du Codo Napoléon.

ORDONNANCE DE 1747.

Art. 18. Les substitutions faites
par actes entre-vifs ou par des
dispositions à cause de mort, seront publiées et enregistrées à la
diligence des donataires, héritiers
institués, légataires universels ou
particuliers qui seront grevés de
restitution.

CODE NAPOLÉON.

Art. 1069. Les dispositions entre-vifs ou testamentaires seront,
à la diligence soit du grevé, soit
du tuteur nommé à l'exécution,
rendues publiques.

L'article 18 met à la charge des grevés la publication
et l'enregistrement. Le Codo, en l'art. 1069, au lieu
d'énumérer les grevés comme le faisait l'art. 18, se
borne à parler du grevé en général.

Art. 34. Les donataires, héritiers institués, légataires universels ou particuliers, même les héritiers légitimes de celui qui aura
fait la substitution, ni pareillement leurs donataires, héritiers
institués et légataires universels
ou particuliers, ne pourront, en
aucun cas, opposer aux appelés
le défaut de publication de la substitution.

Art. 1072. Les donataires, les
légataires, ni même les héritiers
légitimes de celui qui a fait la
disposition, ni pareillement leurs
donataires, légataires ou héritiers,
ne pourront en aucun cas, opposer aux appelés le défaut de transcription ou d'inscription.

L'art. 34 complète la disposition de l'art. 18, en
déclarant que les grevés ne pourront se faire un moyen
de nullité de l'omission de ces formalités; et, ce qui est
très-remarquable, il se sert, pour les désigner, des
mêmes expressions que l'art. 18. L'art. 1072, on le
voit, est la copie fidèle de l'art. 34.

Du reste, l'interprétation donnée par nos anciens

---

(1) V. aussi Dargou, *Inst. au dr. fr.*, t. I, 318. Deuizart, *Collection
de décis. nouv.*, au mot Subst., p. 18.

auteurs était commandée par les précédents historiques. Une déclaration du 17 novembre 1690 prescrivit
la manière d'exécuter les ordonnances sur la publication
des substitutions. Il y était dit que le défaut de publication pourrait être opposé par les créanciers et les tiers
acquéreurs. Mais que décidera-t-on, en ce qui concerne
les grevés? Ici la déclaration gardait le silence. De là
des controverses (1) : Une ordonnance de Louis XIV
de 1712 (2) vint les terminer en se décidant contre les
grevés. « Ne pourra le défaut de publication être
» opposé, en aucun cas, aux substitués par les héri-
» tiers institués ou *ab intestat*, donataires ou légataires
» universels particuliers, ni par leurs successeurs. »
Et la décision passa dans l'art. 34 de l'ordonnance
de 1731.

Tout se lie, tout s'enchaîne dans ce système. Il doit
être encore suivi aujourd'hui; car rien n'indique dans
les travaux préparatoires qu'on ait voulu donner à
l'art. 1072, copié sur l'art. 34 de l'ordonnance, un
autre sens que celui qui était donné autrefois à l'article 34 par les autorités les plus imposantes.

INFLUENCE DE LA LOI DU 23 MARS 1855·

SUR LES DONATIONS ET LES SUBSTITUTIONS.

Nous ne terminerons pas notre explication de la
transmission entre-vifs à titre gratuit, sans dire quelques
mots de l'influence de la loi du 23 mars sur la transcription des donations et substitutions.

---

(1) Ricard, *Traité des subst.*, n'admettait pas les grevés à opposer
le défaut de publicité (Partie II, ch. XIII).
(2) V. Néron, *Coll. des ord. royales*, p. 456.

Le dernier alinéa de l'art. 11 est ainsi conçu : Il n'est point dérogé aux dispositions du Code Napoléon relatives à la transcription des actes portant donation, ou contenant des dispositions à charge de rendre, elles continueront à recevoir leur exécution. Il résulte de là que la transcription des donations et des substitutions, d'une part, et la transcription des autres actes translatifs de propriété immobilière, d'autre part, forment aujourd'hui deux formalités distinctes, ayant chacune ses règles spéciales.

La transcription des donations et substitutions est régie par le Code Napoléon, la transcription des autres aliénations par la loi du 23 mars; en ce qui concerne les donations, c'est ainsi que les créanciers chirographaires du donateur peuvent opposer le défaut de transcription, d'après les termes de l'art. 941, tandis que les créanciers chirographaires de tout autre aliénateur ne peuvent exciper de l'omission de cette formalité, d'après les termes de l'art. 3 de la loi de 1855.

Mais on donnerait au texte de l'art. 11 une interprétation contraire à l'esprit général de la législation nouvelle, si l'on en concluait que la loi de 1855 est complétement étrangère aux donations. Ainsi, par exemple, il est certain qu'aujourd'hui les actes entre-vifs, à titre gratuit, constitutifs de servitudes, de droits d'usage sur les immeubles ou de droits d'habitation, et les autres actes ou jugements relatifs aux mêmes droits sont assujettis à la publicité. Que décider dans l'espèce suivante? Paul, après avoir donné un immeuble à P., l'a vendu à S.; ni le donataire, ni l'acheteur n'ont transcrit; S., l'acquéreur à titre onéreux, peut-il opposer à P., le donataire, le défaut de transcription? Non; c'est qu'en effet l'acquéreur à titre onéreux, depuis la loi du 23 mars

1855, doit publier son titre, pour pouvoir opposer le défaut de transcription, et dans l'espèce, il l'a tenu dans l'obscurité; en conséquence, il est non recevable à invoquer son contrat de vente contre le donataire antérieur de l'immeuble. D'ailleurs, il serait mal venu à opposer le défaut de transcription au donataire, lorsque lui-même n'a pas rempli cette formalité ! Celui-ci lui répondra victorieusement : Nous ne nous sommes ni l'un ni l'autre conformés à la loi de publicité, dès lors, les principes exigent que la préférence soit assurée à la priorité du titre. Ne donnerait-on pas une solution identique, dans le cas où le débat s'élèverait entre deux donataires successifs qui n'auraient pas révélé leur droit par la transcription ?

On le sait déjà, la loi nouvelle n'a pas innové en ce qui concerne les substitutions. De là entre autres cette conséquence, que les actes testamentaires contenant substitution restent soumis à la nécessité de la transcription, bien que le législateur de 1855 dispense de cette formalité les actes de dernière volonté. D'où il suit encore que les art. 1070, 1072 sont en pleine vigueur.

J'ai montré quelles personnes pouvaient opposer le défaut de transcription d'une aliénation, à titre gratuit, donation et substitution, quelles personnes pouvaient opposer le défaut de transcription d'une aliénation à titre onéreux. Pourquoi par exemple un créancier chirographaire peut-il soutenir avec succès que la donation ne lui a pas été révélée, et qu'ainsi elle est inefficace vis-à-vis de lui, tandis qu'au contraire il se verra sans ressource contre la revendication d'un acquéreur à titre onéreux, dont le titre cependant a été tenu dans l'obscurité? Au premier coup d'œil on est

tenté de taxer le législateur de contradiction et d'in-
conséquence; toutefois, si l'on regarde de plus près,
on pénètre à merveille sa pensée; effectivement, en
ce qui concerne les donations, que de différences
entre elles et les aliénations à titre onéreux! D'abord,
celles-là se font très-souvent dans le secret : le donateur, pour ne pas blesser des susceptibilités, exciter
des haines contre lui, garde la possession des choses
par lui données, les libéralités ne s'exécutent qu'à sa
mort, jusque-là elles sommeillent; au contraire, celles-ci
se font au grand jour : est-ce que l'on rougit de vendre,
d'échanger? Il fallait donc que le donataire fût soumis
à la nécessité de porter ses droits à la connaissance du
public, par exemple des créanciers chirographaires qui
veulent se mettre en relation d'affaires avec le donateur,
c'est-à-dire avec une personne qui a toutes les apparences mensongères de la propriété. En second lieu, en
bonne législation, la transcription des donations doit
être exigée non pas seulement dans l'intérêt de ceux
qui acquièrent des droits réels, mais encore dans celui
des créanciers eux-mêmes, parce qu'elles diminuent
sans compensation le patrimoine du débiteur; le législateur s'est inspiré de cette idée féconde en autorisant
les créanciers à exciper de la nullité de la donation pour
défaut de publicité.

Maintenant, je ne puis m'empêcher de regretter que
le législateur n'ait pas fondu en un seul et même système la transcription des donations et celle des substitutions. Chacune a des règles spéciales, et les articles
qui les édictent ouvrent dans l'application un vaste
champ aux controverses : le législateur de 1855 aurait
pu, ce me semble, les terminer par une disposition spéciale.

ÉPILOGUE.

Si après avoir suivi à travers les âges les vicissitudes de la transmission de la propriété immobilière, nous cherchons à saisir philosophiquement la marche des idées qui ont successivement prévalu, voici à quels résultats nous arrivons. Le vieux droit romain nous montre des formalités très-solennelles pour la transmission de la propriété, la *mancipatio,* la *cessio in jure;* peu à peu la pratique s'en débarrasse, et la tradition, mode si simple et si naturel, prend une large place. On ne conçoit pas que la propriété se déplace par le seul consentement; puisque le droit s'attaque à une chose, il semble qu'il doive intervenir dans la généralisation du droit un acte matériel qui mette l'homme en rapport avec la chose. Aussi, le principe regardé comme axiome était celui-ci : *Traditionibus et usucapionibus, non nudis pactis dominia rerum transferuntur.* Le droit germanique, le droit du moyen âge nous offrent le cortége des solennités sacramentelles et des rites scrupuleux; mais tout cela aussi disparaît, et les principes de la tradition pénètrent en notre droit coutumier. On regarde toujours comme certain que la volonté est impuissante par elle seule à créer un droit réel, les contrats ne peuvent produire que des engagements personnels entre les contractants. Ce n'est que la tradition qui est la conséquence du contrat, qui peut transférer la propriété. Bientôt la clause de dessaisinesaisine, faite par-devant notaire, de la chose aliénée, tient lieu de la tradition réelle, elle a comme elle pour effet de transmettre la propriété. Le Code Napoléon la sous-entend ; arborant l'étendard du spiritualisme, il assure à la volonté sa noble prépondérance.

Mais il faut tenir compte des exigences légitimes du crédit public, il faut protéger les tiers contre des aliénations, des démembrements demeurés occultes. Dans notre ancienne législation nous constatons l'absence de toute préoccupation des intérêts des tiers, de toute publicité qui pût les avertir, malgré les efforts de quelques jurisconsultes pour une timide organisation du crédit; et d'ailleurs, si l'on examine le régime hypothécaire, nous arrivons au même résultat, au fond la théorie romaine domine, c'est le système de la clandestinité avec quelques améliorations. Il produit des inconvénients sans nombre, le crédit est paralysé. Colbert veut y porter remède : un édit de Louis XIV, de 1673, rédigé sous ses auspices et sous son influence, proclame le beau et salutaire principe de la publicité, mais la noblesse, effrayée d'un projet qui aurait découvert le bilan de ses dettes, arrête les efforts du grand ministre, et l'édit est bientôt retiré. Les coutumes de nantissement seules fondent la sécurité des conventions en exigeant la révélation des actes qui constituent l'état de la propriété foncière, désormais les registres de l'état civil de la propriété sont dressés! La base du système est donc trouvée, les législateurs contemporains n'ont qu'à perfectionner les détails. La législation de l'an VII organise la publicité des hypothèques et la transcription des actes translatifs de propriété; elle a des lacunes incontestables, ainsi il n'est pas pourvu à l'inscription de toutes les charges qui peuvent peser sur l'immeuble; ces lacunes, elles seront comblées par le législateur de 1855. Arrive le Code Napoléon qui, par une contradiction difficile à expliquer, admet la publicité pour la transmission à titre gratuit de la propriété foncière, et la rejette au contraire pour la transmission à titre onéreux. Une réforme est indispensable, elle est accomplie par la loi de 1855.

Diverses critiques ont été adressées au principe de la loi nouvelle. Quand les parties ont fait leur acte, s'écriait M. Dupin à la séance du 15 février 1851, à qui persuaderez-vous que cet acte n'est pas achevé; que l'une d'elles n'est pas propriétaire, et que l'autre n'a pas cessé de l'être? L'art. 1583, en distinguant entre les parties et les tiers, a fait une distinction impossible, un non-sens qui répugne à la nature du droit de propriété; l'art. 2183 est revenu à la logique en déclarant toute distinction impossible, tout pas en arrière est rétrograde. D'autres la combattent au point de vue des frais énormes dont elle grève la petite propriété. Enfin certaines personnes lui reprochent de n'être pas assez radicale. Voici, pour ma part, le résultat de mes réflexions, je les soumets timidement à l'appréciation de mes juges. Oui, en lui-même, un système qui me permet de connaître immédiatement et sûrement la généalogie de la propriété au moyen de registres qui lui sont ouverts, est excellent; et, à cet égard, je ne puis mieux faire que d'emprunter les expressions du parlement de Flandre : Il faut considérer, disait-il en 1771, la publicité comme le chef-d'œuvre de la sagesse, comme le sceau, l'appui et la sûreté des propriétés. Mais le principe a-t-il reçu tous les développements qu'il comporte? Non certainement; on a dit que la propriété depuis la loi nouvelle a des registres civils! il faut en convenir, ils sont incomplets; les mutations à cause de mort, les partages n'y sont pas relatés. Eh bien! l'acquisition des immeubles par succession ou par acte de dernière volonté, par l'effet d'un partage, n'est-elle pas pour moi aussi

utile à connaître que tout autre fait d'acquisition? Vous
me mettez entre les mains une chaîne, mais ne la bri-
sez pas cette chaîne merveilleuse, et laissez-lui tous ses
anneaux; de plus, prenez garde qu'en grevant outre
mesure la transmission de la propriété (1), vous ne
manquiez le but que vous voulez atteindre. En fait,
dans la pratique, la loi nouvelle n'a pas encore pénétré
bien avant dans les habitudes, et le nombre de transcriptions pour les actes sous seing privé est encore
assez faible. Un grand nombre de ventes d'un prix
minime ne sont pas publiées; dès lors, la sûreté de
l'acquéreur est-elle complète? Sa propriété aussi solide
que possible? On répond que la bonne foi sera la sauvegarde des transactions, et d'ailleurs, la France n'est
pas un peuple de stellionataires! Dieu me garde de lui
faire une pareille injure! Mais traite-t-on toujours avec
gens solvables? Est-ce que les créanciers privilégiés ou
hypothécaires ne peuvent pas aujourd'hui vivifier leurs
droits par des inscriptions, jusqu'à la transcription?
En conséquence, la transcription seule, en règle générale du moins, leur opposera une barrière infranchis-
sable.

Quoi qu'il en soit de ces critiques que nous avons eu
peut-être tort d'adresser à nos législateurs, rendons
hommage à une idée heureuse, et disons qu'en même
temps qu'ils ont essayé de consolider le crédit foncier,
ils ont su maintenir les principes d'un Code qui, après
tout, est digne encore de servir de modèle aux peuples
civilisés!

---

(1) Toutefois, notons que le second décime de l'enregistrement va
être supprimé à partir du 1er juillet 1804.

POSITIONS.

DROIT ROMAIN.

I. La loi 38, § 1, 46, 3, ne peut être conciliée avec les lois 3, § 12, 21, 1, 18, et 12, § 2, 46, 3.

II. L'opinion d'Ulpien, exprimée dans la loi 41, 6, 1, et dans la loi 29, 39, 6, représente une doctrine nouvelle incompatible avec les exigences théoriques du droit romain.

III. Il y a opposition entre la loi 37, § 6, 41, 1, et la loi 13, 39, 5.

IV. Il y a opposition entre la loi 36, 41, 1, et la loi 18, 12, 1.

V. L'opposition qui paraît exister entre la loi 49, 17, 1, et la loi 35, 41, 1, n'est qu'apparente.

VI. En matière d'échange, Celse et Paul professaient une théorie différente en ce qui concerne les risques.

VII. Du temps de la jurisprudence classique, la publicienne compétait à celui qui avait la chose *in bonis*.

VIII. L'étranger, à qui une chose *mancipi* a été livrée, en acquiert le domaine complet. (Art. tirés des Règles d'Ulpien, t. I, § 16, du § 17, Frag. du Vatican.)

IX. La donation à cause de mort n'a pas pour effet, même sous Justinien, de transférer la propriété sans tradition.

X. Le texte de la loi 68, *De rei vind.*, appartient bien au jurisconsulte Ulpien, mais il se réfère à un cas particulier.

DROIT FRANÇAIS.

I. L'institution contractuelle doit être transcrite.

II. S'il y a plus de deux héritiers, la vente que fait l'un d'eux de sa part héréditaire à un autre héritier, a le caractère de partage, et, en conséquence, elle doit être affranchie de la transcription.

III. La séparation des patrimoines n'engendre, en faveur des créanciers et des légataires, qu'un droit de préférence.

IV. Celui qui achète un immeuble d'une personne qui a négligé de transcrire, ne peut se mettre à l'abri des aliénations émanant du propriétaire primitif qu'en transcrivant non-seulement son propre titre, mais encore celui de son auteur.

V. Les héritiers du donateur peuvent opposer le défaut de transcription.

VI. Un donataire ou un légataire à titre particulier du donateur peut opposer le défaut de transcription.

VII. Les créanciers chirographaires du donateur le peuvent aussi.

VIII. Par ces mots : « les donataires, les légataires, ni même les héritiers légitimes de celui qui aura fait la disposition, » l'article 1072 n'entend parler que des grevés.

IX. Le donateur ne peut contraindre le donataire à l'exécution des charges.

X. En cas de conflit entre une vente et une saisie transcrites, la saisie l'emportera si elle est transcrite avant la transcription de la vente. Il n'y a pas à distinguer si la saisie a été pratiquée par un créancier chirographaire ou par un créancier hypothécaire.

DROIT ADMINISTRATIF.

I. La loi du 3 mai 1841 n'est aucunement modifiée par la loi du 23 mars 1855.

DROIT COMMERCIAL.

I. L'article 638 du Code de Commerce est applicable aux billets souscrits par un mineur commerçant.

II. L'acheteur, qui n'a pas transcrit l'acte de vente au moment où son vendeur est déclaré en faillite, ne pourra invoquer son acquisition vis-à-vis de la masse.

HISTOIRE DU DROIT.

I. A l'époque franque, ce qui décidait de la nationalité d'un individu, ce n'était pas sa volonté, mais son origine.

II. Les fiefs sont nés des habitudes de clientèle militaire apportées par les Germains.

DROIT CRIMINEL.

I. La poursuite en adultère intentée du vivant du mari est éteinte par son décès survenu avant toute condamnation.

II. La loi du 26 mai 1819 punit la diffamation envers les morts.

Vu par le président de la thèse,

BUGNET.

Permis d'imprimer,

Le vice-recteur,

A. MOURIER.

Vu par le doyen,

C. A. PELLAT.

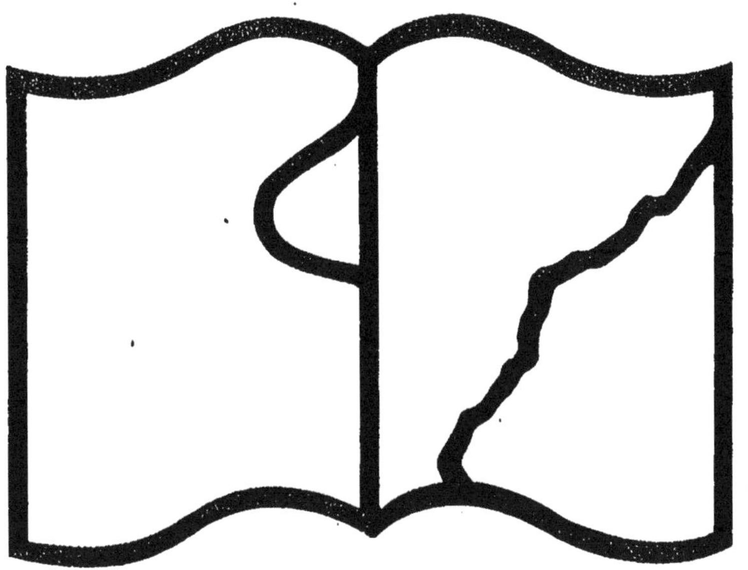

Texte détérioré — reliure défectueuse

NF Z 43-120-11

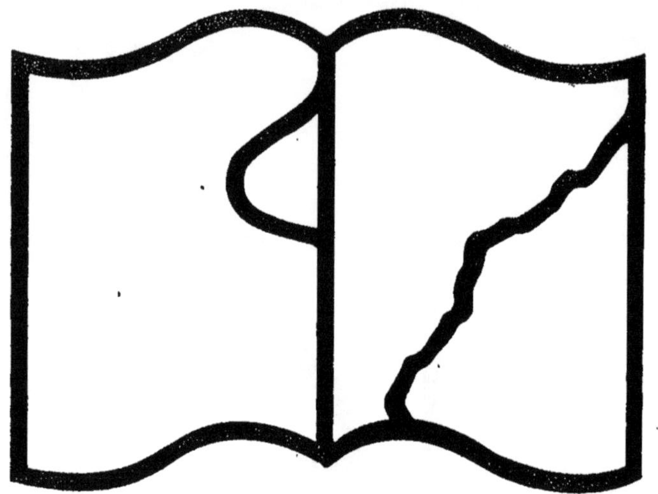

Texte détérioré — reliure défectueuse

NF Z 43-120-11